Cuerpo de Maestros

Cuerpo de Maestros

Primaria

Temas específicos
Comunitat Valenciana

Autora

MARÍA DOLORES RIBES ANTUÑA
AUXILIAR DE PUERICULTURA
DIPLOMADA EN PROFESORADO DE EGB
LICENCIADA EN FILOSOFÍA Y CIENCIAS DE LA EDUCACIÓN
PROFESORA DE OPOSICIONES AL CUERPO DE MAESTROS
(EDUCACIÓN INFANTIL, PRIMARIA, PEDAGOGÍA TERAPÉUTICA Y AUDICIÓN Y LENGUAJE),
PROFESORA DE OPOSICIONES DE PROFESORES DE ENSEÑANZA SECUNDARIA

© 7 Editores Recursos para la Cualificación Profesional y el Empleo, S.L. (7 Editores)
© M.ª Dolores Ribes Antuña
Segunda edición, septiembre 2025 (86 páginas)
Derechos de edición reservados a favor de 7 Editores
IMPRESO EN ESPAÑA
Diseño Portada: 7 Editores
Edita: 7 Editores
Avda. San Francisco Javier, 9 · Edificio Sevilla 2 · Planta 11 · Módulos 25-27 · 41018 Sevilla
Teléfono: 954 784 411 · WEB: www.mad.es · e-mail: administracion@7editores.com
ISBN: 979-13-702-8123-6
© "Editorial Mad" y "Eduforma" son nombres comerciales registrados de
7 Editores Recursos para la Cualificación Profesional y el Empleo, S.L.

Presentación

El temario de oposiciones al cuerpo de maestros para la especialidad de Primaria consta de 25 temas comunes para todo el territorio nacional, pero las comunidades autónomas convocantes tienen competencia para incluir contenidos propios de ámbito autonómico.

En esta obra desarrollamos los cuatro temas específicos de la especialidad de Primaria para la Comunitat Valenciana añadidos por la Conselleria d'Educació de la Generalitat.

En su conjunto, abordan contenidos referidos a la normalización lingüística, al ser ésta una comunidad plurilingüe. Esta realidad social y cultural ha ido evolucionando desde una situación diglósica, en la que el valenciano era una lengua minoritaria, a una plena equiparación de ambas lenguas, presentes en los medios de comunicación, la administración pública, el sistema educativo y la sociedad en su conjunto.

Actualmente, ambas lenguas conviven en ausencia de conflicto, habiéndose generalizado su conocimiento y uso desde el impulso y promoción del valenciano a través del proceso normalizador.

La lengua valenciana forma parte del currículo de las enseñanzas no universitarias y su desarrollo se concreta en el área de Lengua valenciana y Literatura, además de utilizarse como vehicular en la enseñanza de algunas asignaturas, variando las proporciones según los diversos programas lingüísticos que los centros determinan en virtud del territorio en que se encuentran y de la realidad lingüística de la comunidad educativa.

Los contenidos del primer tema versan sobre los diferentes tipos de programas analizados desde la perspectiva legal vigente, así como su concreción en los centros, que, en virtud de su autonomía pedagógica, deberán elaborar los documentos en los que se plasman las directrices educativas del tratamiento de las dos lenguas oficiales:

– Programa de Lenguas Vehiculares.

– Plan de uso de las lenguas.

Para la redacción de este tema se ha empleado como referente normativo la Ley 1/2024, de 27 de junio, de la Generalitat, por la que se regula la libertad educativa, y cuya implantación se inicia en el curso académico 2025-20026.

El segundo tema desarrolla los aspectos didácticos y metodológicos de la enseñanza plurilingüe, analizándose diversas estrategias y programas desde el enfoque integrado de las lenguas que plantea la Conselleria d'Educació.

A lo largo del tema 3 se hace un recorrido por la diversidad lingüística de España y sus correspondientes procesos de normativización. Se describen, así mismo, los conceptos de bilingüismo, diglosia y multilingüismo, analizando sus causas y tipologías, para concluir analizando la repercusión en las aulas de estos procesos socioculturales.

La redacción del tema 4 se basa en el Decreto 106/2022, de 5 de agosto, del Consell, de ordenación y currículo de la etapa de Educación Primaria, con ámbito de aplicación en la Comunitat Valenciana.

Esperamos que el opositor encuentre en esta obra una herramienta útil y actualizada para la preparación de los cuatro temas que contiene.

La autora

Índice

TEMA 1

Programas de educación plurilingüe de la Comunitat Valenciana.
Documentos organizativos.
El Proyecto Lingüístico de Centro: estructura, Plan de Normalización Lingüística y propuesta de evaluación

Índice

Introducción

Los centros escolares forman parte de la comunidad educativa, por lo que contribuyen de forma clara al proceso de normalización lingüística desde instancias administrativas, académicas, pedagógicas, de interrelación y de convivencia.

A través de la legislación, en la Comunitat Valenciana se regula el proceso de normalización lingüística, cuyo fin último es el conocimiento y uso de las dos lenguas oficiales en la comunidad, así como la introducción progresiva de la lengua inglesa como vehicular en el tratamiento de algunas áreas curriculares no lingüísticas.

A lo largo del tema expondremos los diferentes programas y el papel de los centros en dicho proceso, así como los documentos en los que se plasma el tratamiento del plurilingüismo.

1. Marco legal

En cuanto al **marco legal**:

– **Constitución española.**

Artículo 3.

1. El castellano es la lengua española oficial del Estado. Todos los españoles tienen el deber de conocerla y el derecho a usarla.

2. Las demás lenguas españolas serán también oficiales en las respectivas comunidades autónomas de acuerdo con sus Estatutos.

3. La riqueza de las distintas modalidades lingüísticas de España es un patrimonio cultural que será objeto de especial respeto y protección.

– **Ley Orgánica 2/2006**, de 3 de mayo, de Educación (LOE) con sus correspondientes modificaciones en la **Ley Orgánica 3/2020**, de 29 de diciembre (LOMLOE).

Artículo 17. Objetivos de la educación primaria. La educación primaria contribuirá a desarrollar en los niños y niñas las capacidades que les permitan:

e) Conocer y utilizar de manera apropiada la lengua castellana y, si la hubiere, la lengua cooficial de la comunidad autónoma y desarrollar hábitos de lectura.

f) Adquirir en, al menos, una lengua extranjera, la competencia comunicativa básica que le permita expresar y comprender mensajes sencillos y desenvolverse en situaciones cotidianas.

Artículo 18. Organización.

[…]

2. Las áreas de esta etapa educativa son las siguientes:

[…]

d) Lengua castellana y Literatura y, si la hubiere, Lengua propia y Literatura.

e) Lengua extranjera.

[…]

7. En el área Lengua propia y Literatura en aquellas comunidades autónomas que posean dicha lengua propia con carácter oficial, podrán establecerse
exenciones de cursar o de evaluarse de dicha área en las condiciones previstas
en la normativa autonómica correspondiente. El área Lengua propia y Literatura recibirá el tratamiento que las comunidades autónomas afectadas deter-
minen, garantizando, en todo caso, el objetivo de competencia lingüística suficiente en ambas lenguas oficiales.

Artículo 19. Principios pedagógicos.

[…]

6. Se establecerán medidas de flexibilización y alternativas metodológicas
en la enseñanza y evaluación de la lengua extranjera para el alumnado con
necesidad específica de apoyo educativo, en especial para aquel que presente
dificultades en su comprensión y expresión. Las lenguas oficiales se utilizarán
solo como apoyo en el proceso de aprendizaje de la lengua extranjera.

– **Estatuto de autonomía**. La **Ley Orgánica 5/1982**, de 1 de julio, que aprobó el
Estatuto de Autonomía en la Comunitat Valenciana, fue modificada por la **Ley
Orgánica 1/2006**, de 10 de abril, de Reforma de la Ley Orgánica 5/1982, de 1 de
julio, de Estatuto de Autonomía de la Comunitat Valenciana.

Reproducimos a continuación los artículos del nuevo estatuto referidos a
la lengua tal y como quedaron modificados en el Estatuto de Autonomía
vigente:

Artículo sexto.

1. La lengua propia de la Comunitat Valenciana es el valenciano.

2. El idioma valenciano es el oficial en la Comunitat Valenciana, al igual que
lo es el castellano, que es el idioma oficial del Estado. Todos tienen derecho a
conocerlos y a usarlos y a recibir la enseñanza del, y en, idioma valenciano.

3. La Generalitat garantizará el uso normal y oficial de las dos lenguas, y
adoptará las medidas necesarias para asegurar su conocimiento.

4. Nadie podrá ser discriminado por razón de su lengua.

5. Se otorgará especial protección y respeto a la recuperación del valenciano.

6. La ley establecerá los criterios de aplicación de la lengua propia en la administración y la enseñanza.

7. Se delimitarán por ley los territorios en los que predomine el uso de una y otra lengua, así como los que puedan exceptuarse de la enseñanza y del uso de la lengua propia de la Comunitat Valenciana.

8. L'Acadèmia Valenciana de la Llengua es la institución normativa del idioma valenciano.

Artículo séptimo.

1. El desarrollo legislativo de las competencias de la Generalitat procurará la recuperación de los contenidos correspondientes de los fueros del histórico Reino de Valencia en plena armonía con la Constitución y con las exigencias de la realidad social y económica valenciana. Esta reintegración se aplicará, en especial, al entramado institucional del histórico Reino de Valencia y su propia onomástica en el marco de la Constitución Española y de este Estatuto de Autonomía.

– **Ley 4/1983, de 23 de noviembre, de uso y enseñanza del valenciano (LUEV)**. La debida concreción y efectividad de los mandatos constitucionales y estatutarios precisan, pues, de un proceso de desarrollo legislativo, misión que viene a cumplir la ley de uso y enseñanza del valenciano.

Esta ley trata de superar la relación de desigualdad existente entre dos lenguas oficiales de nuestra comunidad, disponiendo, para ello, medidas pertinentes para impulsar el uso del valenciano en todas las esferas de la sociedad y, en especial, en la administración y en la enseñanza del mismo como vehículo de su recuperación.

El último fin de la ley es lograr, a través de la promoción del valenciano, su equiparación efectiva con el castellano y garantizar el uso normal y oficial de ambos idiomas en condiciones de igualdad, desterrando cualquier forma de discriminación lingüística.

Reproducimos a continuación los cinco títulos de la ley que articulan los principios de uso del valenciano:

El **título primero** dedica su primer capítulo al uso oficial del valenciano en la administración pública. Se establece la redacción y publicación bilingüe de las leyes que aprueben las Cortes Valencianas y la plena validez de las actuaciones administrativas y forenses realizadas en valenciano. Se faculta a todo ciudadano a utilizar y exigir la lengua oficial de su elección en sus relaciones con la administración pública, incluida la instancia judicial.

[…]

A este aspecto está dedicado el **título segundo de la ley**, cuyo capítulo primero dispone la obligatoriedad de la incorporación a la enseñanza en todos los niveles educativos, con la salvedad de que, en los territorios castellanohablantes, dicha incorporación se llevará a cabo de manera progresiva en atención a su particular situación sociolingüística.

Se declaran el valenciano y castellano lenguas obligatorias en los planes de enseñanza de los niveles no universitarios, tendiéndose a que los escolares reciban sus primeras enseñanzas en la lengua habitual, y a que los alumnos adquieran un conocimiento oral y escrito de ambas lenguas en niveles de igualdad. Se establece asimismo que el profesorado deberá conocer ambas lenguas oficiales, previéndose la adaptación de los planes de estudios para su debida capacitación.

[...]

En el **título tercero** se reconoce el derecho que todos los ciudadanos tienen a ser informados por los medios de comunicación social, tanto en valenciano como en castellano, y utilizar indistintamente ambas lenguas cuando hayan de acceder a ellos.

[...]

El **título cuarto** contempla la actuación de los poderes públicos en el fomento de la utilización del valenciano en las actividades administrativas y de su conocimiento por los funcionarios y empleados públicos.

[...]

El **título quinto** contiene la determinación de los territorios predominantemente valencianohablantes y castellanohablantes, a los afectos de aplicación de la ley, sin perjuicio de que pueda procederse a su revisión y sin que ello sea obstáculo para que todo ciudadano de nuestra comunidad pueda hacer efectivo su derecho a conocer y usar el valenciano.

[...]

En las **disposiciones transitorias** se establece el plazo de tres años para que en las distintas esferas de la administración valenciana se lleven a término las disposiciones de esta ley.

– **Ley 1/2024, de 27 de junio, de la Generalitat, por la que se regula la libertad educativa**, cuya implantación se inicia en el curso académico 2025-20026. Reproducimos los fragmentos necesarios para su comprensión:

[...]

Para ello, se establece una regulación de la educación plurilingüe en la que se diferencian los territorios de predominio lingüístico valenciano y castellano. A su vez, se establece el derecho de las familias a elegir la lengua base, de forma adaptada a las singularidades de cada zona, de manera que a partir de los resultados de las preferencias de las familias, se efectúa la planificación educativa correspondiente. Durante las primeras enseñanzas, la presencia de la lengua base será la máxima posible, entendiendo como tales enseñanzas las que comprenden desde la incorporación del alumnado a un puesto escolar en Educación Infantil hasta el segundo curso de Educación Primaria incluyendo, por tanto, el proceso lectoescritor.

A partir de la adquisición de la lectoescritura se establece un modelo con una determinada proporción de las lenguas vehiculares. En la zona castellano-parlante, dicho modelo se basa en una mayor presencia de la lengua predominante en dicha zona.

Artículo 1. Objeto. El objeto de la presente ley es **regular la libertad de elección de lengua y el uso de las lenguas cooficiales** en los centros docentes no universitarios de la Comunitat Valenciana.

[…]

Artículo 3. Definiciones.

1. **Asignatura lingüística:** área, materia, ámbito o módulo que tiene como finalidad fundamental el aprendizaje de una lengua cooficial concreta, ya sea el valenciano o el castellano, o bien el aprendizaje de una lengua extranjera determinada, de manera que dicha asignatura debe impartirse en la lengua correspondiente, objeto de aprendizaje.

2. **Asignatura no lingüística**: área, materia, ámbito o módulo, cuya finalidad principal no es el aprendizaje de una lengua cooficial o de una lengua extranjera, y que es susceptible de impartirse en valenciano, en castellano, en inglés o en otra lengua extranjera, como lengua vehicular de la enseñanza.

3. **Lengua base**: lengua cooficial, valenciano o castellano, elegida por los representantes legales del alumnado menor de edad en el ejercicio de su libertad educativa, que:

a) Supone la lengua habitual en que todos los escolares recibirán las primeras enseñanzas, incluida la adquisición de la lectoescritura, en aplicación del artículo 19.1 de la Ley 4/1983, de 23 de noviembre, de la Generalitat, de uso y enseñanza del valenciano.

b) Dispone de un mayor peso y de una mayor presencia como lengua vehicular de la enseñanza en un determinado grupo de alumnado.

4. **Primeras enseñanzas**: niveles educativos que comprenden desde la incorporación del alumnado a un puesto escolar en Educación Infantil, a través del procedimiento de admisión de alumnado, hasta el segundo curso de Educación Primaria.

5. **Programa de lenguas vehiculares**: concreción de la proporción de lenguas vehiculares realizada en un centro docente para un determinado curso escolar, que debe incorporarse en la programación general anual

6. **Zona de predominio lingüístico valenciano**: conjunto de términos municipales de predominio lingüístico valenciano, declarados como tales en el artículo 35 de la Ley 4/1983, de 23 de noviembre, de uso y enseñanza del valenciano.

7. **Zona de predominio lingüístico castellano**: conjunto de términos municipales de predominio lingüístico castellano, declarados como tales en el artículo 36 de la Ley 4/1983, de 23 de noviembre, de uso y enseñanza del valenciano.

8. **Adecuación lingüística individual**: adaptación de acceso realizada de forma individual al alumnado, consistente en realizar una modificación de la lengua vehicular en la enseñanza y/o en los libros de texto y materiales curriculares en determinadas áreas o materias.

Las propuestas para la determinación de lengua base y proporciones de las lenguas como vehiculares, se basan en la ubicación de los territorios y su consideración de castellano hablante o valenciano parlante según constan en la **Ley 4/1983, de 23 de noviembre, de uso y enseñanza del valenciano (LUEV)**.

2. Programas de educación plurilingüe de la Comunitat Valenciana

La voluntad de la normalización lingüística en la Comunitat Valenciana ha ido cristalizando a través de la implantación de medidas legales que se han traducido en diferentes programas aplicables en los centros, a través de los cuales la lengua castellana y valenciana comparten espacios y tiempos educativos a partir de la ubicación de los territorios y las preferencias para la lengua base expresadas por las familias.

Resumimos las opciones según las variables en base a la **Ley 1/2024**, de 27 de junio, de la Generalitat, por la que se regula la libertad educativa, cuya implantación se inicia en el curso académico 2025-2026:

- Ubicación de la localidad del centro (territorio predominio castellano/valenciano).

- Proporciones en las votaciones de los representantes legales en la preferencia de la lengua base.

- Número de unidades del centro.

En el anexo de esta ley se desglosan las unidades que podrían determinarse para cada lengua vehicular.

1. **Zona de predominio lingüístico castellano**.

- Los representantes legales eligen la lengua base en el primer nivel del segundo ciclo de Educación Infantil, que tendrá continuidad hasta el final de la Enseñanza Básica.

- La adquisición y consolidación de la lectoescritura se realizará en castellano como lengua base, que tendrá continuidad desde la Educación Infantil al primer curso de esta etapa.

- En todos los cursos de la etapa el alumnado deberá cursar las áreas lingüísticas Valenciano: Lengua y Literatura, Lengua Castellana y Literatura y Lengua Extranjera.

- Podrá solicitarse la exención de la evaluación y calificación del área de Valenciano: Lengua y Literatura (en determinadas circunstancias como residencia temporal en la Comunitat Valenciana o incorporación tardía y desconocimiento de las lenguas oficiales). Tendrá la obligación de asistir a clase y participar activamente en dicha asignatura.

- En la etapa se dedicará un mínimo del 15 % del tiempo lectivo y un máximo del 25 % de éste a la asignatura lingüística de Lengua Extranjera (Inglés).

- El resto de las áreas se cursarán en castellano como lengua vehicular.

2. **Zona de predominio lingüístico valenciano**.

   - Los representantes legales del alumnado tendrán derecho a elegir la lengua base, valenciano o castellano.

   - La lengua base se determinará en cada centro y para cada unidad en base a la libertad educativa y el derecho de elección de los representantes legales del alumnado.

   - En los colegios rurales agrupados, la determinación de la lengua base se efectuará en cada aulario y para cada unidad de las enseñanzas citadas.

   - La determinación de la lengua base se actualizará anualmente al inicio de la escolarización en Educación Infantil, en primer curso de Educación Secundaria Obligatoria y en primer curso de Bachillerato.

   - Para determinar la lengua base al inicio de la escolarización en Educación Infantil se considerarán las solicitudes presentadas por los representantes legales del alumnado durante cada proceso de admisión de alumnado.

   - En base al porcentaje de familias que haya optado por cada lengua base, se determinará para cada centro el número de unidades de Educación Infantil de 3 años en que cada lengua cooficial será la lengua base.

   - La lengua base determinada en las unidades indicadas en el apartado anterior se mantendrá en el resto de los niveles del segundo ciclo de Educación Infantil y de la Educación Primaria, de manera que el alumnado deberá tener continuidad en la lengua base.

   - La adquisición y consolidación de la lectoescritura se realizará en la lengua base elegida y tendrá continuidad desde la Educación Infantil al primer curso de Primaria.

   - En todos los cursos de Primaria deberán cursarse las áreas lingüísticas Valenciano: Lengua y Literatura, Lengua Castellana y Literatura y Lengua Extranjera.

   - Durante toda la etapa, el área de matemáticas o conocimiento del medio natural, social y cultural se cursará en la lengua base elegida por las familias.

- En los dos primeros cursos de Primaria, la lengua cooficial que no sea la lengua base tendrá una presencia mínima del 25 % del tiempo lectivo.

- Desde el tercer curso de Primaria, los centros garantizarán la presencia de las dos lenguas cooficiales como lenguas vehiculares (modelo del anexo II de la ley).

- El porcentaje del tiempo lectivo vehiculado en ambas lenguas cooficiales deberá tener una diferencia que no sobrepase el 20 % del tiempo lectivo.

- En Primaria se dedicará un mínimo del 15 % del tiempo lectivo y un máximo del 25 % a la asignatura lingüística de Lengua Extranjera (Inglés).

3. Documentos organizativos. El Proyecto Lingüístico de Centro: estructura, Plan de Normalización Lingüística y propuesta de evaluación

En virtud de la **Ley 1/2024**, de 27 de junio, de la Generalitat, por la que se regula la libertad educativa, se sustituyen los términos del epígrafe por otros programas y planes que regulen las proporciones en el uso curricular y no curricular de las lenguas en el centro.

Por esta razón, no desarrollaremos el contenido correspondiente a estos documentos que constan en el epígrafe, al haber sido eliminada su existencia como tal. Nos basaremos para el desarrollo del apartado en el nuevo enfoque del plurilingüismo en la Comunitat Valenciana.

3.1. Programa de lenguas vehiculares

Tras la entrada en vigor de la **Ley 1/2024**, de 27 de junio, de la Generalitat, por la que se regula la libertad educativa en el curso escolar 2024-2025, concluye la transición de los anteriores programas (PEPLI) y, a partir del curso 2025-2026, deberán introducirse las modificaciones de la **Ley 7/2023**, de 26 de diciembre, de medidas fiscales, de gestión administrativa y financiera y de organización de la Generalitat desarrolladas en la **Ley 1/2024**, de 27 de junio, de la Generalitat, por la que se regula la libertad educativa. En dicha ley nos basaremos para el desarrollo de este apartado.

El **programa de lenguas vehiculares** es un documento que tiene como finalidad la concreción de la proporción de lenguas vehiculares efectuada en un centro docente para un determinado curso escolar y que debe incorporarse en la Programación General Anual (PGA).

En los centros públicos, los consejos escolares tienen la competencia para aprobar el programa de lenguas vehiculares, oído el claustro.

El programa de lenguas vehiculares debe tener en cuenta la lengua base del alumnado y respetar, en todo caso, el marco de lo dispuesto en el anexo II de la Ley 1/2024, de 27 de junio, de la Generalitat, por la que se regula la libertad educativa, y en las disposiciones que la desarrollan (proporciones para las lenguas cooficiales en los territorios de predominio lingüístico valenciano y castellano).

Utilización de las lenguas cooficiales en libros de texto, materiales curriculares y pruebas de evaluación

En las áreas y materias lingüísticas, los libros de texto y materiales curriculares estarán redactados y elaborados en dicha lengua. Con carácter general, los correspondientes a áreas no lingüísticas estarán redactados y elaborados en la lengua vehicular de enseñanza. Excepcionalmente, podrán estar redactados en una lengua cooficial diferente a la vehicular cuando el alumno:

– Presente necesidades educativas especiales y se esté introduciendo en el aprendizaje progresivo de la lengua extranjera y/o de la lengua cooficial que no sea habitual en el ámbito familiar o en la que disponga de un menor dominio.

– Disponga de necesidades específicas de apoyo educativo y requiera adaptaciones de acceso en cuanto al tratamiento de las lenguas (necesidades derivadas de trastornos del desarrollo del lenguaje y la comunicación, desconocimiento grave de la lengua de aprendizaje e incorporación tardía al sistema educativo).

– Se le realice una adecuación lingüística individual.

En todas las etapas, en las materias no lingüísticas, con independencia de la lengua vehicular de las mismas, el alumnado tendrá derecho a realizar los exámenes y las pruebas de evaluación, tanto de carácter parcial como final, en valenciano o en castellano, a su elección.

3.2. Plan de uso de las lenguas

El plan de uso de las lenguas regulará la utilización de las lenguas cooficiales, las lenguas extranjeras curriculares, así como otras lenguas presentes en el centro, tanto en el ámbito interno no curricular, como en el ámbito social y de relación con el entorno.

Estas medidas se articularán siempre en base al derecho del alumnado y de sus representantes legales a dirigirse y a comunicarse con el centro docente en la lengua cooficial en que deseen hacerlo. Los modelos, las comunicaciones y el acceso a documentos se regulan en el artículo 21 de la citada ley.

En ningún caso se podrá ir en contra del derecho del alumnado y de sus representantes legales a dirigirse y a comunicarse con el centro docente en la lengua cooficial en que deseen hacerlo.

El plan de uso de las lenguas formará parte del Proyecto Educativo del Centro, por lo que la aprobación el mismo corresponderá al Consejo Escolar, tras la cual, será remitido a la Inspección de Educación para su supervisión.

Los modelos de impresos, formularios, modelos oficiales, solicitudes y cualquier documento de matrícula o autorización que se ponga a disposición del alumnado, o de sus representantes legales, deberá estar redactado en formato bilingüe, en valenciano y en castellano.

Las comunicaciones de oficio por parte de los centros docentes o el profesorado, dirigidas al alumnado o a sus representantes legales, deberán estar redactadas en formato bilingüe, en ambas lenguas cooficiales.

El plan de uso de las lenguas en el ámbito no curricular debe incluir los ámbitos de intervención siguientes:

- **Ámbito interno no curricular**: comprende las relaciones internas del centro educativo con la comunidad educativa y todos aquellos aspectos que hacen referencia a la documentación escrita, el ámbito administrativo y los aspectos burocráticos del centro (modelos oficiales, solicitudes y cualquier documento de matrícula o autorización que se ponga a disposición del alumnado, o de sus representantes legales, etc.), la comunicación oral, la toma de decisiones (propuestas pedagógicas, documentos institucionales del centro, medidas de respuesta educativa a la inclusión, etc.) y símbolos externos (tablón de anuncios, rotulación, etc.), entre otros.

- **Ámbito social y de relación con el entorno**: hace referencia al conjunto de situaciones de relaciones que se establecen en la comunicación educativa y entre la sociedad y el entorno escolar (atención a padres y madres del centro, la relación con la administración educativa y otras instituciones, informaciones en los medios de difusión, página web, etc.), entre otras.

Conclusión

Entendemos que la lengua lo abarca todo, a todo llega y en todo incide. En una comunidad en la que coexisten dos lenguas, los esfuerzos sociales, políticos y educativos han de tender a la convivencia, conocimiento mutuo y respeto en todos los sectores de la vida social y personal.

Los centros educativos tienen, en este sentido, un papel relevante tanto en el conocimiento como en el uso de ambas lenguas y en la creación de actitudes de respeto y tolerancia.

Bibliografía

COELHO, E. (2006). *Enseñar y aprender en escuelas multiculturales: una aproximación integrada*. Barcelona: ICE-Horsori.

Consejo de Europa (2002). *Marco Común Europeo de Referencia para las Lenguas: enseñanza, aprendizaje, evaluación*. Madrid: Instituto Cervantes, Ministerio de Educación, Cultura y Deporte y editorial Anaya.

COTS, J. M.; IBARRARAN, A.; IRÚN, M.; LASAGABASTER, D.; LLURDA, E. y SIERRA, J. M. (2010). *Plurilingüismo e interculturalidad en la escuela. Reflexiones y propuestas didácticas*. Barcelona: ICE-Horsori.

LLORIÁN, S. (2007). "El desarrollo de las competencias pluricultural y plurilingüe", en *Entender y utilizar el Marco Común Europeo de Referencia desde el punto de vista del profesor de lenguas*. Madrid: Santillana.

Legislación

Ley Orgánica 2/2006, de 3 de mayo, de Educación (BOE n.º 106, de 4 de mayo de 2006).

Ley Orgánica 3/2020, de 29 de diciembre, por la que se modifica la Ley Orgánica 2/2006, de 3 de mayo, de Educación (BOE n.º 340, de 30 de diciembre de 2020).

Ley 1/2024, de 27 de junio, de la Generalitat, por la que se regula la libertad educativa (DOGV n.º 9880, de 28 de junio de 2024).

Decreto 106/2022, de 5 de agosto, del Consell, de ordenación y currículo de la etapa de Educación Primaria (DOGV n.º 9402, de 10 de agosto de 2022).

Webgrafía

– **Generalitat Valenciana. Conselleria d'Educació, Universitats i Ocupació**. https://ceice.gva.es/es/web/ensenanzas-en-lenguas/inicio

TEMA 2

Enfoques didácticos para la enseñanza de la lengua en aulas multilingües. Didáctica integrada de las lenguas (TIL). Integración de lengua y contenido (TILC). Las orientaciones didácticas para las lenguas según el Marco Común Europeo de Referencia

Índice

Introducción

La **Ley 4/1983**, de 23 de noviembre, de uso y enseñanza del valenciano (LUEV), establece la obligatoriedad de la incorporación del valenciano a la enseñanza en todos los niveles educativos.

Declara el valenciano y castellano lenguas obligatorias en los planes de enseñanza de niveles no universitarios, por lo que el profesorado deberá conocer ambas lenguas.

Las propuestas educativas basadas en la pluriculturalidad y multilingüismo se caracterizan por ser modelos integradores y no excluyentes, cuyos objetivos contemplan la diversidad, así como el uso vehicular de más de dos lenguas, ya que el uso (y no solo el simple aprendizaje formal de una lengua a través de un área) es la única forma de adquirir una competencia lingüística semejante en ambos idiomas.

Por otra parte, estos modelos curriculares incluyen las actitudes y valores relativos a la diversidad, tolerancia y respeto.

Finalmente, y para concluir la introducción, consideramos oportuno la diferenciación de dos conceptos manejados en el tema que están relacionados, pero no son sinónimos, y su diferenciación condiciona el enfoque de alguno de los puntos. Se trata de **plurilingüismo** (conocimiento de diferentes lenguas) y **multilingüismo** (coexistencia de más de una lengua en una sociedad determinada).

1. Enfoques didácticos para la enseñanza de la lengua en aulas multilingües

Al adquirir la primera lengua, cuando se aprende la segunda (y en la Comunitat Valenciana una tercera que es la extranjera) lo que se adquiere, o ha de adquirirse, es una serie de capacidades o competencias interrelacionadas que constituyen la competencia comunicativa, que permite:

- Optar entre formas lingüísticas conforme a un sistema de reglas léxicas, morfosintácticas y fonológicas (**competencia gramatical**).

- Adaptar las producciones a la situación concreta de comunicación según las reglas sociales (**competencia sociolingüística**).

- Poder elaborar e interpretar diferentes tipos de discursos (**competencia discursiva**).

- Organizar los mensajes teniendo en cuenta al interlocutor, es decir, negociar los significados para comunicarse de manera efectiva (**competencia ilocutiva**).

- Interpretar los elementos de la realidad que transmite o refiere la lengua (**competencia cultural**).

Será necesario, por tanto, partir del hecho de que todos los hablantes poseen una cierta competencia comunicativa, algunos de cuyos componentes son comunes a todas las lenguas y hablantes (**competencia subyacente común**). Dicho principio nos obliga a considerar la enseñanza-aprendizaje de las lenguas desde una perspectiva integradora. Además, la situación específica de la Comunitat Valenciana, donde conviven dos lenguas oficiales (valenciano y castellano) y una tercera planificada a nivel curricular (lengua extranjera), que tienen unas características específicas, nos obligan aún más a complementar e integrar el aprendizaje de las lenguas en el currículo y su didáctica.

Partiendo de la consideración psicolingüística y sociolingüísticamente muy aceptada de que una lengua (sobre todo en los primeros niveles) se aprende cuando se usa en diferentes contextos o situaciones de intercambios reales y para diferentes funciones comunicativas o actos de habla, hemos de concluir que cualquier lengua no solamente se aprenderá en la escuela, sino que las posibilidades de aprendizaje aumentarán cuando los alumnos puedan también ejercitarla fuera de la escuela, en intercambios con hablantes competentes y en contextos adecuados donde puedan practicar, contrastar y hacer efectivos los aprendizajes escolares de la nueva lengua.

No hemos de olvidar que precisamente los ámbitos de uso escolares (siempre asociados a niveles formales y elaborados del lenguaje y, por tanto, prestigiados) se reservan, en parte, para la lengua minorizada socialmente, en un intento de compensar, desde la escuela, el uso, para favorecer su aprendizaje. Así, el conocimiento y uso precoz de una lengua extranjera se tendría que vincular a la posibilidad de su uso vehicular en temas transversales, de cultura general: música, nuevas tecnologías... combinado con el uso vehicular de las lenguas oficiales en las áreas del currículo.

Para aprender una nueva lengua es necesario estar expuesto a un *input* comprensible en la nueva lengua y participar en contextos comunicativos reales vehiculados en ella. Es necesario, por tanto, un profesorado competente, oralmente, sobre todo, y no solamente en contenidos gramaticales, y que sepa también organizar espacios comunicativos, de uso efectivo, vehiculados en la nueva lengua y que respondan a necesidades e intereses del alumnado de forma que participe en la gestión de la clase y en las producciones, elaborando también *output* en la lengua que aprende.

En la organización de los espacios y de las situaciones partiremos siempre de los conocimientos previos del alumnado. En ese sentido, los conocimientos y habilidades lingüísticas que hayan adquirido a partir del aprendizaje de su lengua materna se transferirán sin ninguna dificultad durante el aprendizaje de la nueva lengua, si se dan las condiciones adecuadas.

Las exigencias a nivel escrito podrán responder a situaciones comunicativas trabajadas previamente a nivel oral y se harán siempre teniendo en consideración las posibilidades expresivas y de dominio de la nueva lengua que tiene cada alumno/a.

Cualquier reflexión sobre la estructura y uso de la nueva lengua podría considerarse ligada a actividades comunicativas para ampliar las posibilidades del uso y del nivel competencial del alumnado en esa lengua.

El enfoque comunicativo, la metodología activo-participativa y el aprendizaje de la lengua a partir de los contenidos, se han demostrado efectivos en los programas de cambio de lengua casa-escuela. Son factores que habrán de tenerse en cuenta en el aprendizaje precoz de lenguas.

Algunos **aspectos esenciales de la metodología** son:

- Trabajar las habilidades receptivas (comprensión) previamente a las productivas (expresión). Las habilidades de escuchar y de leer serán anteriores a las de hablar y escribir.

- Utilizar apoyo gestual y visual (imágenes, fotografías...) para reforzar el mensaje y el significado de los conceptos sin necesidad de recurrir a la traducción.

- Utilizar recursos diferentes para cada lengua. Canciones, cuentos, imágenes, etc. serán diferentes en cada uno de los idiomas.

- Fomentar la participación del alumnado en las actividades lingüísticas desde el primer momento.

- Considerar y valorar los intereses y necesidades comunicativas del alumnado para planificar la intervención didáctica.

- Partir de actividades cerradas, repetitivas y muy dirigidas al principio, para facilitar la participación del alumnado y la predicción de sus respuestas, para ir haciéndose progresivamente más exigentes.

- Favorecer las interacciones entre el alumnado y también entre el alumno y el profesor, de forma que se produzcan diferentes intercambios verbales en la lengua que se aprende.

- Realizar actividades de grupo e individuales.

- Trabajar los contenidos lingüísticos en la nueva lengua a partir de elementos de conocimientos del mundo ya trabajados en la L1 o la L2.

En la Comunitat Valenciana coexisten dos lenguas, cuya incorporación en los planes de enseñanza de todas las etapas regula la ley de enseñanza del valenciano (LUEV). Este proceso de normalización lingüística tiene lugar en el contexto de aulas multilingües, dada la diversidad idiomática y cultural presente en la sociedad valenciana.

La **Ley 1/2024**, de 27 de junio, de la Generalitat, por la que se regula la libertad educativa, establece la presencia y proporción de las lenguas en función del territorio en el que se ubican los centros y las decisiones de la comunidad educativa respecto a la determinación de la lengua base.

La metodología óptima para el aprendizaje de las lenguas es, sin duda, la creación de contextos de comunicación, por ello, una escuela normalizadora favorece la competencia comunicativa en castellano y valenciano a los alumnos a través de la expresión de acontecimientos y situaciones de comunicación formal y cotidiana por parte de todos los miembros de la comunidad educativa.

Detallamos a continuación los pormenores en las regulaciones temporales de uso de cada lengua en función del Programa de Lenguas Vehiculares.

1.1. Enfoques didácticos de multilingüismo a nivel curricular y de comunicación en el centro

– **Zonas de predominio lingüístico castellano**.

1. La adquisición y consolidación de la lectoescritura se realizará en castellano como lengua base, que tendrá continuidad desde la Educación Infantil al primer curso de la Educación Primaria.

2. En todos los cursos de la etapa, el alumnado tendrá que cursar las áreas lingüísticas Valenciano: Lengua y Literatura, Lengua Castellana y Literatura y Lengua Extranjera, que, en este caso, será el Inglés.

3. En la etapa se dedicará un mínimo del 15 % del tiempo lectivo, y un máximo del 25 % de éste, a la lengua extranjera. Al mínimo del 15 % se puede llegar con las tres sesiones de 45 minutos del área lingüística y otras dos sesiones de área no lingüística. Llegar al máximo del 25 % será posible sumando a las tres sesiones del área lingüística cuatro sesiones de áreas no lingüísticas.

4. El área de valenciano es la única que se imparte en lengua no base, valenciano. Por tanto, en este modelo, no habría uso vehicular en áreas no lingüísticas, reduciéndose al área de valenciano el uso de esta lengua.

5. El alumnado cuyos representantes legales soliciten la exención de la evaluación y calificación del área de Valenciano: Lengua y Literatura y obtengan resolución favorable, tendrá la obligación de asistir a clase y participar activamente en dicha asignatura.

6. Los centros de esta zona que tengan alguna unidad en lengua base valenciano deben seguir las recomendaciones y los modelos para la zona de predominio lingüístico valenciano, y considerar el valenciano como lengua base. La propuesta de programa de lenguas vehiculares se elaborará para cada curso académico a partir de los recursos personales con que cuente el centro, que determinarán la elección de la lengua vehicular de las diferentes áreas o materias no lingüísticas.

– **Zonas de predominio lingüístico valenciano**.

1. La adquisición y consolidación de la lectoescritura se realizará en la lengua base elegida por los representantes legales del alumnado al inicio de la escolarización, que tendrá continuidad desde la Educación Infantil al primer curso de esta etapa.

2. En todos los cursos de la etapa, el alumnado tendrá que cursar las áreas lingüísticas Valenciano: Lengua y Literatura, Lengua Castellana y Literatura y Lengua Extranjera, que, en este caso, será el Inglés.

3. Durante toda la etapa, el área de Matemáticas o la de Conocimiento del Medio Natural, Social y Cultural se deben cursar en la lengua base elegida por los representantes legales del alumnado.

   En el caso de los modelos propuestos por el Servicio de Educación Plurilingüe, se propone que el área de Matemáticas se vehicule en castellano y el área de Conocimiento del Medio Natural, Social y Cultural en valenciano, puesto que la ley de libertad educativa establece que una de estas dos áreas se vehicule en lengua base. En el caso de Matemáticas, se vehicularía en castellano en la mayor parte de los contextos, puesto que es un área troncal que permite el desarrollo metacognitivo. Por otro lado, se plantea que el área de Conocimiento del Medio Natural, Social y Cultural se vehicule en valenciano para dar oportunidades a la riqueza del vocabulario de esta lengua arraigada en el entorno del centro también en la mayoría de contextos. Esta configuración, además, permite que en los centros con grupos con las dos lenguas base se pueda optimizar la elaboración de horarios y agrupamientos del alumnado.

4. En los dos primeros cursos de la Educación Primaria, la lengua cooficial que no sea la lengua base tendrá una presencia mínima del 25 % del tiempo lectivo.

5. Desde el tercer curso de Educación Primaria, los centros docentes garantizarán la presencia de las dos lenguas cooficiales como lenguas vehiculares, de acuerdo con el modelo establecido en el anexo II de la Ley 1/2024, de 27 de junio, de la Generalitat, por la que se regula la libertad educativa, al que tendrán que ajustarse los centros docentes en la mayor medida posible.

   La lengua base elegida por las familias tendrá la mayor proporción entre las dos lenguas cooficiales. A su vez, el porcentaje del tiempo lectivo vehiculado en las dos lenguas cooficiales deberá tener una diferencia que no sobrepase el 20 % del tiempo lectivo.

6. En la etapa se dedicará un mínimo del 15 % del tiempo lectivo y un máximo del 25 % de éste a la lengua extranjera.

   Al mínimo del 15 % se puede llegar con las tres sesiones de 45 minutos del área lingüística y otras dos sesiones de área no lingüística. Llegar al máximo del 25 % será posible sumando a las tres sesiones del área lingüística cuatro sesiones de áreas no lingüísticas.

El centro se encuentra inmerso en un entorno social (familias; administración autonómica y municipal; asociaciones políticas, culturales y laborales), que hay que considerar, así como los diferentes espacios y niveles de intervención (administración, gestión pedagógica, interacción didáctica e interrelación con el entorno sociofamiliar).

Respecto a las **comunicaciones orales** en el contexto escolar o la relación con las familias, se respetarán las lenguas elegidas por los hablantes, quedando regulado un modelo bilingüe para todas las **comunicaciones escritas**:

- Modelos de impresos.

- Formularios/encuestas.

- Solicitudes.

- Certificados.

- Documentos de matrícula.

- Autorizaciones.

- Modelos oficiales (evaluación, orientación, apoyo a la inclusión, etc.).

- Comunicaciones por parte del centro o por el profesorado.

- Documentos internos para el consejo escolar.

- Documentos internos para las asociaciones de madres y padres y las asociaciones de alumnado.

- Convocatorias de reuniones del consejo escolar, reuniones de padres y reuniones con el alumnado.

- Otros.

1.2. Enfoques didácticos de multilingüismo a nivel de aula

A pesar de que la toma de decisiones se inicia en el centro, es el aula el centro neurálgico de aplicación de metodologías didácticas en situaciones de multilingüismo.

Los **principios metodológicos** para el aprendizaje en las aulas multilingües se pueden enunciar en los siguientes:

1. **Globalización**: hay que integrar los fonemas en las palabras y las palabras en las oraciones. El idioma se aprende en esta etapa desde una perspectiva global y de inmersión. Además, la globalización exige integrar el idioma entre las otras áreas, así como en situaciones verbales, situaciones reales (conversaciones) al igual que en imitaciones de la realidad (dramatizaciones, diálogos, etc.).

2. **Primacía de lo oral sobre lo escrito**: el niño desarrolla las capacidades orales antes que las escritas. Metodológicamente, el predominio oral significa que debemos comenzar por el lenguaje hablado con métodos eclécticos: fonemas integrados en palabras, palabras en frases, entonación de frases.

3. **Importancia de la enseñanza en situación**: como la lengua se usa en situaciones de comunicación, debe aprenderse en situaciones funcionales. En las aulas multilingües los alumnos conviven, se comunican y relacionan utilizando su idioma, apoyándose en la comunicación no verbal.

4. **Enseñanza activa**: el procedimiento de aprendizaje de la lengua es el método activo. Esto significa no suministrar datos o reglas sobre esa lengua, sino capacitar para usarla en el proceso de comunicación y relación.

5. **Variedad**: en las aulas multilingües se hace necesario el uso de un material visual y variado que ilustre los aprendizajes y posibilite el entendimiento. Fichas, grabados, láminas, diapositivas, encerado, audiovisuales o TIC constituyen metodologías clarificadoras que son un gran apoyo en aulas con diversidad lingüística.

6. **Gradación de las dificultades**: es el escalonamiento progresivo de las dificultades. En los momentos iniciales conviene simplificar el lenguaje en cuanto a sus estructuras y contenido, ya que lo prioritario siempre es la comunicación.

7. **Flexibilidad**: como ya se ha señalado en ocasiones anteriores a lo largo del tema, lo prioritario es la comunicación. Ello significa que, si es necesario, hay que cambiar la lengua vehicular en un momento dado, utilizar sistemas de traducción, imágenes o comunicación no verbal.

El proceso de aprendizaje es continuo, pero no pasa por la imposición fundamentalista del idioma a costa incluso del entendimiento.

2. Didáctica integrada de las lenguas (TIL)

El aprendizaje de otra lengua en edad infantil exige la creación de un ambiente lingüísticamente acogedor y estimulante. Los nuevos modelos parten del concepto de **lengua base** (que suele coincidir con la lengua materna) como una decisión de los tutores legales que condicionará el uso vehicular de las lenguas en la etapa. En cualquier caso, la existencia de las tres áreas curriculares correspondientes al plurilingüismo (castellano, valenciano y lengua extranjera) implicará que, al menos, habrá en el horario intervalos temporales de comunicación en las tres lenguas

La **didáctica integrada de las lenguas** parte del supuesto de un mismo enfoque metodológico. Esto es relevante por las siguientes razones:

– **Impulsa y mejora la capacidad de comunicación**. Promover el desarrollo de las habilidades comunicativas necesarias para interactuar de forma efectiva es uno de los principales cometidos de la didáctica de la lengua.

Sirve para trabajar competencias tan importantes como la comprensión lectora, la expresión oral y escrita o la capacidad de interpretar mensajes, y por supuesto, la competencia plurilingüe.

– **Se adapta a las necesidades específicas de cada alumno**. Las metodologías integradas posibilitan que el aprendizaje resulte más accesible y eficiente, puesto que cada estudiante cuenta con unas necesidades concretas que deben ser satisfechas.

– **Fomenta un tipo de aprendizaje integral**. La didáctica de la lengua compete a todas las áreas de la lingüística, así como a todas las lenguas implicadas. De esta forma, se asegura que todos aprendan tanto las estructuras formales del idioma, como los sonidos que lo conforman o el significado de las palabras y expresiones, para que puedan emplear el lenguaje de manera completa y efectiva.

– **Apuesta por la inclusión y la diversidad**. Cuando la enseñanza de la lengua está bien planificada, se promueve la inclusión de estudiantes de diversos orígenes lingüísticos y culturales. Este hecho resulta especialmente interesante en contextos en los que el dominio de la lengua es una herramienta determinante para la integración social y académica.

– **Potencia el pensamiento crítico**. Una de las preocupaciones de la didáctica de la lengua es el desarrollo del pensamiento crítico y creativo.

La didáctica integrada de las lenguas implica, además, un **enfoque competencial** que cristalizar y se concreta de modo especialmente relevante en la **competencia plurilingüe** (CP).

La competencia plurilingüe implica utilizar distintas lenguas, orales o signadas, de forma apropiada y eficaz para el aprendizaje y la comunicación. Supone reconocer y respetar los perfiles lingüísticos individuales y aprovechar las experiencias propias para desarrollar estrategias que permitan mediar y hacer transferencias entre lenguas, incluidas las clásicas, y, en su caso, mantener y adquirir destrezas en la lengua o lenguas familiares y en las lenguas oficiales. Integra, asimismo, dimensiones históricas e interculturales orientadas a conocer, valorar y respetar la diversidad lingüística y cultural de la sociedad con el objetivo de fomentar la convivencia democrática.

3. Integración de lengua y contenido (TILC)

El fenómeno del multilingüismo es de gran actualidad, ya que cada vez se acentúa más la diversidad cultural y lingüística en las diferentes comunidades.

La educación multilingüe es una corriente universal y constituye uno de los rasgos más específicos de la educación contemporánea, que se traduce en la integración progresiva entre la lengua y el contenido.

En la Comunitat Valenciana, la integración de la lengua y el contenido se ha ido cristalizando, a través de la legislación, hasta nuestros días. Mediante el diseño del Programa de Lenguas Vehiculares se concreta en los centros el tratamiento y uso de las tres lenguas implicadas.

Realizaremos a continuación un recorrido legal por los principales referentes y disposiciones a través de las cuales en la actualidad la integración lengua y contenido es un hecho.

– **Estatuto de autonomía de la Comunitat Valenciana**. La **Ley Orgánica 5/1982**, de 1 de julio, que aprobó el Estatuto de Autonomía en la Comunitat Valenciana fue modificada por la Ley Orgánica 1/2006, de 10 de abril, de Reforma de la Ley Orgánica 5/1982, de 1 de julio, de Estatuto de Autonomía de la Comunitat Valenciana. Reproducimos los artículos del nuevo estatuto referidos a la lengua:

  Artículo sexto.

  1. La lengua propia de la Comunitat Valenciana es el valenciano.

  2. El idioma valenciano es el oficial en la Comunitat Valenciana, al igual que lo es el castellano, que es el idioma oficial del Estado. Todos tienen derecho a conocerlos y a usarlos y a recibir la enseñanza del, y en, idioma valenciano.

  3. La Generalitat garantizará el uso normal y oficial de las dos lenguas, y adoptará las medidas necesarias para asegurar su conocimiento.

  [...]

  6. La ley establecerá los criterios de aplicación de la lengua propia en la administración y la enseñanza.

  7. Se delimitarán por ley los territorios en los que predomine el uso de una y otra lengua, así como los que puedan exceptuarse de la enseñanza y del uso de la lengua propia de la Comunitat Valenciana.

– **Ley 4/1983**, de 23 de noviembre, de uso y enseñanza del valenciano. La debida concreción y efectividad de los mandatos constitucionales y estatutarios precisan, pues, de un proceso de desarrollo legislativo, misión que viene a cumplir la ley de uso y enseñanza del valenciano.

  Esta ley trata de superar la relación de desigualdad existente entre dos lenguas oficiales de nuestra comunidad, disponiendo para ello medidas pertinentes para impulsar el uso del valenciano en todas las esferas de la sociedad y, en especial, en la administración y la enseñanza del mismo, como vehículo de su recuperación.

  El último fin de la ley es lograr, a través de la promoción del valenciano, su equiparación efectiva con el castellano y garantizar el uso normal y oficial de ambos idiomas en condiciones de igualdad, desterrando cualquier forma de discriminación lingüística.

– **Ley Orgánica 2/2006**, de 3 de mayo de Educación modificada por la **Ley Orgánica 3/2020**, de 29 de diciembre.

Podemos apreciar que, en los objetivos de las diferentes etapas del sistema educativo, aparecen recogidas las capacidades relativas a la lengua autonómica y al plurilingüismo.

– **Decreto 106/2022**, de 5 de agosto, del Consell, de ordenación y currículo de la etapa de Educación Primaria.

Artículo 6. Principios pedagógicos.

[…]

13. Las lenguas, en un sistema educativo plurilingüe, se sitúan en el centro del proceso de aprendizaje, puesto que es el instrumento de acceso a la información y a la construcción de conocimiento. El aprendizaje de las lenguas se plantea desde una perspectiva competencial y globalizada a través de los enfoques metodológicos centrados en el tratamiento del aprendizaje integrado de las lenguas y contenidos (TILC).

Artículo 14. Enseñanza de lenguas.

[…]

3. En el plan de enseñanza y uso de las lenguas se determina la proporción de uso vehicular de las lenguas oficiales, el valenciano y el castellano, y de la lengua extranjera. Éste se tiene que introducir mediante un enfoque de apertura a las lenguas, o a través de la modalidad temprana, a partir del segundo ciclo de la Educación Infantil. Además, se concreta la metodología que se tiene que emplear a la hora de enseñar las lenguas y que tiene que fundamentarse en el tratamiento integrado de las lenguas y el tratamiento integrado de las lenguas y los contenidos.

Áreas de Lengua Castellana y Lengua Valenciana. Competencias específicas

Competencia específica 1. Multilingüismo e interculturalidad

Implica reconocer la diversidad lingüística y cultural de la Comunidad Valenciana, de España y del mundo, a través del contacto con las lenguas del alumnado y del entorno; evitar prejuicios lingüísticos y valorar esta diversidad como una riqueza cultural.

La diversidad lingüística y cultural es una realidad presente tanto en la sociedad como en las aulas valencianas. Por ese motivo, las áreas lingüísticas tienen el reto de abordar dicha diversidad con el objetivo de promover en el alumnado el conocimiento de las diferentes lenguas y variedades lingüísticas y de la cultura asociada a ellas. Al mismo tiempo, las clases de lengua deben servir para educar al alumnado en la aceptación de esa diversidad como un enriquecimiento personal, evitando prejuicios lingüísticos o xenófobos.

El conocimiento y la estima por la lengua propia de un territorio deben ser vistos como uno de los cimientos para el desarrollo de una buena competencia multilingüe e intercultural. Para adquirir correctamente esta competencia, el alumnado debe tener muy presente que las dos lenguas oficiales de nuestro territorio cuentan con una diversidad lingüística enriquecedora y que cada variedad geográfica presenta unas características propias que la caracterizan. Es por ello que el conocimiento y el respeto hacia las diferentes variedades de la lengua son fundamentales para que el alumnado pueda adquirir esta competencia.

Por otro lado, detectar los frecuentes prejuicios y estereotipos lingüísticos, así como el uso del lenguaje no discriminatorio, favorecerá la convivencia democrática y la construcción de una sociedad más equitativa y responsable.

Para lograr esta competencia, es necesario conocer cuál es el dominio real de las dos lenguas oficiales por parte del alumnado, así como el abanico de lenguas familiares no curriculares presentes en el aula, puesto que solo partiendo del perfil lingüístico individual se puede garantizar el aprendizaje equilibrado de las lenguas oficiales y se podrá aprovechar la diversidad lingüística y cultural como un enriquecimiento para la escuela.

En este sentido, el trabajo integrado de las lenguas (TIL) pasa a ser de gran importancia, puesto que, además de promover un aprendizaje de lenguas más coherente y significativo, estimula la reflexión sobre el uso del lenguaje para iniciarse en el desarrollo de la conciencia lingüística.

Aspectos como la diversidad lingüística (individual y social), el análisis de las lenguas en contacto y la gestión del multilingüismo serán esenciales para el trabajo de la competencia multilingüe e intercultural.

Finalmente, el desarrollo de esta competencia debe iniciarse en edades tempranas para fomentar el sentimiento de pertenencia a la comunidad lingüística y cultural valenciana y despertar el interés y el respeto del alumnado por las lenguas y las variedades dialectales de su entorno más próximo. Estas aproximaciones deben partir de las lenguas primeras presentes en el aula, en el centro o en el contexto del alumnado.

A lo largo del **primer ciclo** de la etapa, la motivación para aprender idiomas será fundamental. El trabajo del código oral tendrá un papel destacado, así como la aceptación de la existencia de sonidos diferentes de la lengua propia.

A partir del **segundo ciclo**, los aprendices deberían adoptar un papel más activo en el aprendizaje de lenguas para identificar prejuicios y estereotipos lingüísticos frecuentes y reconocer la diversidad cultural y lingüística como una oportunidad compartida para el conjunto de la ciudadanía.

En el **tercer ciclo** de primaria, el alumnado debería adquirir un grado más alto de conocimiento de la variedad lingüística para ampliar su perfil lingüístico. La reflexión sobre las lenguas como un elemento constitutivo de su identidad resultará de mucha importancia.

4. Orientaciones didácticas para las lenguas según el Marco Común Europeo de Referencia

El Marco Común Europeo de Referencia para las lenguas es un documento elaborado por el Consejo de Europa y presentado en el año 2001 durante la celebración del Año Europeo de las Lenguas.

Es la cristalización y materialización de un proceso de trabajo y negociación iniciado en el año 1991 entre los representantes de los diferentes países de la Unión Europea.

La finalidad fundamental es dar respuesta a algunas inquietudes del Comité de ministros del Consejo de Europa, entre las que se encuentran la protección y desarrollo del patrimonio de las diferentes lenguas y culturas de Europa, así como facilitar cauces de comunicación, interacción y participación para posibilitar un mejor conocimiento y difusión de las lenguas europeas.

Con este documento el Consejo de Europa pretende adaptar políticas coordinadas y unánimes para la enseñanza de las lenguas. Los **acuerdos base** en los que se fundamenta el documento son:

- Fomentar la colaboración nacional e internacional de instituciones gubernamentales y no gubernamentales dedicadas a la didáctica y desarrollo de métodos de aprendizaje de las lenguas.

- Tomar medidas e iniciativas para establecer un sistema eficaz de intercambio de información a nivel europeo.

El Marco Común Europeo de Referencia para las Lenguas: aprendizaje, enseñanza, evaluación, presenta de forma justificada, analítica y realista los objetivos que en la sociedad europea multilingüe cabe esperar, describiendo metodologías y medidas más oportunas a realizar.

Para la puesta en práctica del aprendizaje de las lenguas se detallan una lista de principios metodológicos y de enseñanza para el tratamiento curricular de las lenguas en todas las etapas del sistema educativo, así como ítems y criterios de evaluación para analizar la competencia lingüística en cada nivel y destreza.

El Marco Común Europeo de Referencia facilita a los miembros de la comunidad educativa la información sobre los objetivos de aprendizaje de una lengua, así como estrategias y metodologías para su consecución. Es un instrumento que invita a la reflexión sobre el lenguaje y las lenguas, sobre su significado en la enseñanza, así como sobre las capacidades implicadas tanto en el aprendizaje dirigido como en el autoaprendizaje del idioma.

Parte de su utilidad radica en orientar a los autores, editoriales y sistemas educativos para el diseño de textos, materiales, programas y cursos de formación para el aprendizaje de las lenguas.

Hay que reconocer también su contribución al fomento del plurilingüismo, a la valoración de la lengua como signo de identidad y muticulturalidad, característica fundamental y común en todos los países de la sociedad europea.

Contribuye, así mismo, a la concepción del aprendizaje de la lengua a lo largo de toda la vida, ya que los niveles curriculares contemplados van desde la Educación Infantil hasta la Educación de Adultos.

El contenido del Marco Común Europeo de Referencia describe de forma pormenorizada las habilidades que han de poder desarrollar con eficacia las personas que emprenden la tarea del aprendizaje de una lengua. Igualmente, establece unos niveles de dominio de la lengua comunes para todos los idiomas de la UE, que son:

- **Nivel A. Usuario básico**.
  * A1. Inicial.
  * A2. Básico.
- **Nivel B. Usuario independiente**.
  * B1. Limitado.
  * B2. Avanzado.
- **Nivel C. Usuario competente**.
  * C1. Dominio funcional.
  * C2. Dominio experto.

En cada uno de estos niveles se consideran las cinco destrezas lingüísticas: hablar, comprender oralmente, interaccionar oralmente, comprensión lectora y escritura.

A continuación, presentamos unos cuadros resumen en los que se describen las habilidades propias de cada nivel y destreza comunicativa.

Hablar	**A1**	Utilizar expresiones y frases sencillas para realizar descripciones de lugares y personas muy conocidas.
	A2	Utilizar expresiones y frases para describir la propia familia, condiciones de vida o laborales.
	B1	Enlazar frases de forma sencilla para describir experiencias y hechos, esperanzas, ambiciones, etc.
	B2	Describir de forma clara y detallada una amplia serie de temas relacionados con la propia especialidad. Explicar un punto de vista argumentando ventajas e inconvenientes.
	C1	Describir de forma clara y detallada temas complejos que incluyen otros temas, desarrollar ideas y expresar conclusiones.
	C2	Describir y argumentar de forma clara y fluida con estilo adecuado al contexto, con una estructura lógica y eficaz fijándose en las ideas más importantes.

Interacción oral	**A1**	Participar en conversaciones sencillas con la actitud, por parte del interlocutor, de repetir, enlentecer, ayudar o aclarar conceptos y términos.
		Contestar preguntas sencillas sobre temas de necesidades inmediatas o muy habituales.
	A2	Comunicarse en situaciones sencillas que requieren un intercambio simple y directo de información sobre actividades y asuntos cotidianos.
		Ser capaz de realizar intercambios sociales breves, aunque generalmente no se pueda mantener una conversación por sí mismo.
	B1	Resolver casi todas las situaciones de comunicación oral que se plantean en un viaje.
		Participar espontáneamente en una conversación que trate de temas cotidianos de interés personal o que pertenezcan a la vida diaria.
	B2	Participar en conversaciones con cierta fluidez y espontaneidad, lo que posibilita la comunicación normalizada con personas nativas.
		Formar parte activa de debates cotidianos y defender el propio punto de vista.
	C1	Expresarse con fluidez y espontaneidad sin necesidad de buscar expresiones adecuadas.
		Utilizar el lenguaje con flexibilidad según las finalidades sociales o profesionales.
		Formular ideas y opiniones con precisión y relacionar las propias intervenciones con las de los demás.
	C2	Participar en debates, sin esfuerzo, con frases hechas, modismos, etc.
		Sortear las dificultades que se presentan en la expresión con fluidez, de forma que pasen desapercibidas.

Comprensión oral	**A1**	Reconocer palabras y expresiones básicas utilizadas habitualmente en el entorno inmediato.
	A2	Comprender frases y palabras habituales sobre temas de interés personal.
		Ser capaz de captar la idea principal de avisos y mensajes breves y sencillos.
	B1	Comprender las ideas principales cuando el discurso es claro y se tratan asuntos cotidianos que tienen lugar en lugares comunes.
		Comprender la idea principal de programas en los medios de comunicación.
	B2	Comprender conferencias y discursos extensos aun cuando tengan líneas argumentales complejas, sobre temas conocidos.
		Comprender películas con un nivel de lenguaje estándar.
	C1	Comprender discursos aun cuando no estén estructurados con claridad.
		Comprender sin esfuerzo programas y películas en los medios de comunicación.
	C2	No tener dificultad en comprender cualquier tipo de lenguaje hablado, tanto en conversaciones, discursos o medios de comunicación, aun cuando la velocidad sea elevada.

Comprensión lectora	A1	Comprender palabras y nombres conocidos y frases sencillas como rótulos, catálogos y carteles.
	A2	Leer textos breves y sencillos. Encontrar información específica y predecible en escritos sencillos y cotidianos como anuncios publicitarios, prospectos, menús...
	B1	Comprender textos cuyo contenido está relacionado con el trabajo. Comprender descripciones de sentimientos y deseos.
	B2	Leer artículos e informes relativos a problemas contemporáneos en los que los autores adaptan un punto de vista personal concreto. Comprender la prosa literaria contemporánea.
	C1	Comprender textos largos y complejos de carácter literario o periodístico de diferentes estilos y contenidos. Comprender artículos especializados con instrucciones técnicas largas, aunque no sean de la propia especialidad.
	C2	Leer con facilidad prácticamente todas las formas, estilos y contenidos literarios, incluyendo textos abstractos y complejos, especializados o literarios.

Escribir	A1	Escribir postales y felicitaciones cortas y sencillas. Rellenar formularios con datos personales.
	A2	Escribir notas y mensajes breves y sencillos relativos a necesidades inmediatas. Escribir cartas personales sencillas.
	B1	Escribir textos sencillos y bien enlazados sobre temas conocidos de interés personal. Escribir experiencias e impresiones personales.
	B2	Escribir textos claros y detallados sobre temas de los intereses personales. Escribir redacciones e informes en los que se exponga un punto de vista concreto.
	C1	Expresarse en textos claros y bien estructurados y explicar puntos de vista con extensión. Escribir sobre temas complejos en cartas, redacciones e informes.
	C2	Escribir textos claros y fluidos con un estilo apropiado a las intenciones comunicativas. Escribir resúmenes y reseñas literarias o profesionales.

En resumen, las **directrices** del Marco Común Europeo de Referencia son:

– Asegurar que todos los sectores de la población dispongan de medios eficaces para adquirir conocimientos en las lenguas de los países miembros.

- Fomentar, facilitar y dar soporte al profesorado y alumnado de cualquier nivel para facilitar la enseñanza y aprendizaje de las lenguas.

- Fomentar la investigación y desarrollo de programas en todos los niveles educativos sobre las metodologías y materiales más apropiados para la adquisición de una competencia comunicativa adecuada.

Conclusión

El lenguaje es un instrumento de comunicación, aprendizaje y regulación de conducta. Para su correcta adquisición será necesario la creación de un clima lingüísticamente estimulante y modelos adecuados. En la etapa de Educación Primaria se utilizarán distintas técnicas de expresión y comprensión oral y escrita, con abundantes materiales y metodologías activas y lúdicas.

Además de posibilitar la adquisición de la lengua materna, en la Comunitat Valenciana se iniciará a los niños en el conocimiento, uso, valoración y respeto por la lengua de contacto.

La aplicación de los programas de lenguas vehiculares en las aulas multilingües se regirá por los principios de flexibilidad y atención a la diversidad.

Bibliografía

COELHO, E. (2006). *Enseñar y aprender en escuelas multiculturales: una aproximación integrada*. Barcelona: ICE-Horsori.

Consejo de Europa (2002). *Marco Común Europeo de Referencia para las Lenguas: enseñanza, aprendizaje, evaluación*. Madrid: Instituto Cervantes, Ministerio de Educación, Cultura y Deporte y editorial Anaya.

COTS, J. M.; IBARRARAN, A.; IRÚN, M.; LASAGABASTER, D.; LLURDA, E. y SIERRA, J. M. (2010). *Plurilingüismo e interculturalidad en la escuela. Reflexiones y propuestas didácticas*. Barcelona: ICE-Horsori.

GARCÍA, A. (2002). "Bases comunes para una Europa plurilingüe: Marco Común Europeo de Referencia para las Lenguas: aprendizaje, enseñanza, evaluación", en *El español en el mundo*. Anuario del Instituto Cervantes (pp. 13-34). Barcelona: Plaza y Janés y Círculo de Lectores.

LLORIÁN, S. (2007). "El desarrollo de las competencias pluricultural y plurilingüe", en *Entender y utilizar* el *Marco Común Europeo de Referencia desde el punto de vista del profesor de lenguas*. Madrid: Santillana.

RUIZ, U. (2000). *Didáctica de la segunda lengua en Educación Infantil y Primaria*. Madrid: Síntesis.

Legislación

Ley 1/2024, de 27 de junio, de la Generalitat, por la que se regula la libertad educativa (DOGV n.º 9880, de 28 de junio de 2024).

Decreto 106/2022, de 5 de agosto, del Consell, de ordenación y currículo de la etapa de Educación Primaria (DOGV n.º 9402, de 10 de agosto de 2022).

Webgrafía

- **Generalitat Valenciana. Conselleria d'Educació, Universitats i Ocupació.** https://ceice.gva.es/es/web/ensenanzas-en-lenguas/inicio

TEMA 3

La diversidad lingüística. Lenguas en contacto. Fundamentación teórica y consecuencias para la práctica docente

Índice

Introducción

Entendemos por **lengua** el instrumento lingüístico de comunidades más o menos extensas que han desarrollado una cultura propia y que cuentan con un modelo que todos sus hablantes conocen.

A lo largo del tema analizaremos las lenguas que constituyen la **diversidad lingüística de España**, así como los fenómenos de **bilingüismo** y **diglosia**.

Finalmente, en el tema se proporcionará una perspectiva didáctica con las principales directrices metodológicas.

1. La diversidad lingüística

La **normalización** de una lengua supone la recuperación de su estatus de lengua "normal", es decir, de lengua cuyo uso oral y escrito sea natural y espontáneo en cualquiera de las situaciones que se pueden producir en la vida pública y personal de sus hablantes.

Siguiendo a Ramón d'Andrés Díaz y su trabajo *Los procesos de normalización de las lenguas*, podemos afirmar que la normalización social de una lengua entraña necesariamente la **normativización** del idioma.

> La normativización es la fijación del código lingüístico del idioma para adecuarlo a las necesidades de normalización social. Muy frecuentemente, la normativización es indisociable de la estandarización, que consiste en la elaboración de una variedad o dialecto específico, el estándar. Cuando una lengua no está normalizada socialmente, se utiliza exclusiva o predominantemente de manera oral en el ámbito familiar. En ese estado primario, la lengua no tiene más manifestación que la multiplicidad dialectal; lo que para una lengua normalizada es un aspecto más de su realidad, para una lengua no normalizada es su única realidad. Además, una lengua no normalizada se usa única y preferente en registros orales informales, por lo que no está capacitada para desarrollar sus capacidades en registros o temas elaborados. La normativización surge por la necesidad de normalizar socialmente; por tanto, si una lengua no se normaliza, no se normativiza.

No podemos estar más de acuerdo con estas afirmaciones. Para que una lengua pueda tener un futuro y que sea posible su desarrollo como vehículo para la comunicación general, en otros niveles distintos del familiar y coloquial, **es precisa una normativización**.

Según apunta d'Andrés, la normativización tiene dos grandes dimensiones:

1. **Fijación de normas lingüísticas de tendencia unificadora** para que a ellas se acojan todos los usuarios de la lengua, lo que conlleva necesariamente atribuir la corrección a unas formas sobre otras.

2. **Estandarización**, que implica la elaboración de una variedad o dialecto nuevo de la lengua, que sirve de referencia común al resto de dialectos, y que suele ser primariamente escrito.

En la actualidad, casi todas las lenguas habladas en la península ibérica se encuentran normativizadas y en proceso de normalización. Dejando al margen la lengua castellana y portuguesa, cuyo proceso de estandarización y normalización social se ha visto favorecido por su secular carácter de "lengua oficial", podemos observar que en los últimos 150 años se ha producido un importante proceso de recuperación y dignificación de otras lenguas peninsulares.

Analizamos las diferentes lenguas de España y su situación en relación con la normalización lingüística.

1.1. Catalán

El catalán es la lengua propia de Cataluña. En este territorio tiene el rango de lengua oficial junto con el castellano, oficial en todo el Estado español. El catalán también es la lengua de una extensa área del este del Estado español, con variaciones (Islas Baleares, Comunitat Valenciana y la franja de poniente de Aragón), de Andorra (donde es la única lengua oficial), del sur de Francia (la llamada Catalunya Nord) y de la ciudad italiana de L'Alguer.

Es una de las lenguas románicas o neolatinas formadas a raíz de la disolución del latín, entre los siglos VIII y X, en los territorios del Imperio Carolingio que formaban los condados de la Marca Hispánica. Como en la mayoría de las lenguas, se pueden distinguir distintas variedades geográficas: noroccidental, central, septentrional o rosellonés, valenciano y balear. En el valle de Arán se habla el aranés, una variante del occitano.

Tras varios siglos de decadencia y regresión, la lengua catalana experimentó una importante revitalización a mediados del siglo XIX. Coincidiendo con las corrientes del romanticismo y del nacionalismo en toda Europa, surgió en Cataluña un movimiento de recuperación del catalán, como lengua de cultura, conocido como Renaixença, en el que se defendía el uso de esta lengua para la creación literaria (Joan Maragall, Jacint Verdaguer, Àngel Guimerà). En este sentido, fue fundamental la restauración de los Juegos Florales (1859).

Durante el primer tercio del siglo XX Cataluña vivió una gran efervescencia política que culminó con la recuperación de un cierto poder político (la Generalitat) durante la década de los años treinta. El catalán recuperó el estatus de lengua oficial durante la Segunda República (1931-1939), del cual había estado desposeído desde el siglo XVIII.

De este movimiento meramente cultural se pasó a otro de carácter más reivindicativo de la mano del catalanismo político, que reclamaba la utilización del catalán en la enseñanza y en la administración.

En los años siguientes se celebró el Primer Congrès Internacional de Llengua Catalana (1906) y se creó el Institut d'Estudis Catalans (1907). El paso definitivo en la normativización del catalán vino de la mano de **Pompeu Fabra**, autor de las primeras normas gramaticales (1912) y ortográficas (1913), y del *Diccionari general de la llengua catalana* (1932).

Pero todo aquel futuro prometedor se rompió a causa de la guerra civil y sus consecuencias. El uso público del catalán fue prohibido y se limitó al ámbito doméstico y familiar.

Desde la recuperación de las instituciones democráticas se promovió un proceso de recuperación del uso del catalán. Tras el paréntesis de la dictadura franquista, en la década de los años setenta el catalán resurgió con toda su fuerza, tanto a nivel cultural (*nova cançó*) como político. En la actualidad se encuentra en proceso de normalización social. A tal efecto, hay promulgadas normas de protección y fomento para generalizar su uso en centros de enseñanza, medios de comunicación y, en general, en todos los ámbitos de la vida pública y privada, tanto en Cataluña como en Baleares.

1.2. Gallego

La lengua gallega (*galego*) pertenece a la familia de las lenguas románicas (como el francés o el catalán) y es el resultado de la evolución del latín introducido por los romanos en el noroeste de la península ibérica. Desde el siglo IX la lengua hablada en esta área era tan diferente que podemos considerar la existencia de dos lenguas: el latín y el gallego.

El documento literario más antiguo que conocemos actualmente es la cantiga satírica *Ora faz ost'o senhor de Navarra*, escrita a finales del siglo XII por Joam Soares de Pavia. Este fue el periodo más brillante de la literatura gallega. El gallego llegó a ser la lengua de la poesía lírica en toda la península. Se habla de poesía lírica gallegoportuguesa porque, hasta mediados del siglo XIV, formaron un mismo tronco lingüístico.

A fines del medievo, la lengua y la literatura gallegas entraron en un periodo de decadencia provocado, fundamentalmente, por un contexto sociopolítico. A pesar de la pervivencia de la lengua en el ámbito de lo privado y de los contextos de comunicación informal, el gallego estuvo ausente de los usos escritos durante un largo periodo de tres siglos (XVI, XVII y XVIII) llamados *séculos escuros* (siglos oscuros).

En el siglo XVIII hubo voces que, influenciadas por los ideales ilustrados, mostraron su preocupación por el subdesarrollo del gallego y ofrecieron nuevas aportaciones en los ámbitos económico, social y cultural.

Rosalía de Castro

Castelao

Paralela a la Renaixença catalana, a lo largo del siglo XIX se produjo en Galicia otro movimiento de renovación cultural de características similares denominado Rexurdimento. A partir de 1840, grupos de intelectuales percibieron Galicia como una región atrasada y entendían que la única forma de avanzar era mediante la asunción política de una conciencia nacional. En este proceso nació la reivindicación de lengua gallega como distintivo de esa personalidad. En estos años comenzaron a publicarse periódicos en gallego, muchos de ellos de carácter literario, y una nueva generación de escritores optó por su lengua materna para sus composiciones (Rosalía de Castro, Curros Enríquez, Castelao).

Cantares gallegos, la primera obra escrita íntegramente en lengua gallega, publicada en 1863 por Rosalía de Castro, inauguró el Rexurdimento pleno. La primera gramática y diccionario gallegos, esenciales para su estandarización, aparecieron también en el siglo XIX.

La recuperación del gallego como lengua histórica, cultural y literaria se confirmó y consolidó hacia finales del siglo XX con la consecución de su estatus de lengua oficial en Galicia junto al castellano, la fijación de una norma ortográfica y morfológica, su introducción en el ámbito escolar, etc. Es la lengua de los medios de comunicación públicos de Galicia y actualmente tiene presencia cotidiana en los espacios comerciales y de ocio. Sin embargo, en la actualidad afronta también dificultades, fundamentalmente en el ámbito empresarial e incluso en los contextos familiares de las principales urbes gallegas, en las que está aumentando la presencia del castellano como lengua principal de los hogares.

La disparidad dialectal de la lengua gallega pone de manifiesto la necesidad de adoptar una gramática y ortografía normativizadas. Tras varios intentos frustrados en los años precedentes, finalmente se crea la Real Academia Galega (1906) con la finalidad de estudiar la cultura de Galicia y, en especial, la lengua. Desde 1963 se celebra el Día das Letras Galegas.

Tras varios años de silencio impuesto, el gallego volvió a ser reivindicado en los últimos años del franquismo por parte de diversos colectivos culturales y políticos. En 1971 se creó el Instituto da Lingua Galega (1971), dependiente de la Universidad de Santiago. Esta institución, junto con la Real Academia Galega, es la autora de las vigentes *Normas ortográficas e morfolóxicas do idioma galego* (1982), que han contribuido de manera decisiva a la definitiva estandarización de la lengua. En la actualidad, gracias a la autonomía, los poderes públicos gallegos están desarrollando medidas legislativas expresas para la normalización social del idioma.

El Estatuto de Autonomía de Galicia, aprobado en 1981, reconoce el gallego como lengua propia de Galicia y cooficial de la comunidad, que "todos tienen el derecho de conocer y usar" y, al mismo tiempo, responsabiliza a los poderes públicos de la normalización del gallego en todos los ámbitos. La ley de normalización lingüística, aprobada por unanimidad el 15 de junio de 1983 en el Parlamento de Galicia, garantiza y regula los derechos lingüísticos de los ciudadanos, especialmente los referidos a los ámbitos de la administración, la educación y los medios de comunicación.

Tras la promulgación de la ley se aprobaron diferentes órdenes y decretos que complementan el marco legal y aseguran la recuperación del gallego en la administración local, judicial y militar.

Este marco legislativo ofrece la posibilidad de comunicarse en lengua gallega con las diferentes administraciones que actúan en Galicia y reconoce los topónimos gallegos como las únicas formas oficiales. Además, en virtud de la ley de normalización lingüística, la administración local y la autonómica están obligadas a escribir todos sus documentos oficiales en gallego, está establecida la presencia del gallego en todo el sistema educativo y se garantiza la promoción lingüística en los países con comunidades gallegas emigrantes y en las áreas limítrofes con Galicia en las que se habla el gallego.

Durante los más de veinte años de aplicación de la ley de normalización lingüística se han producido avances decisivos en el proceso de normalización de la lengua. El conocimiento del gallego es un requisito para el acceso a un puesto de trabajo en la administración pública, según se establece en la ley de función pública; igualmente, se ha mejorado su estatus con la aprobación en 1997 de la ley de régimen local y de otras leyes sobre los derechos lingüísticos de los consumidores, el etiquetado de productos, etc., si bien su igualdad jurídica con el castellano todavía no es plena.

1.3. Valenciano

El valenciano es lengua oficial en la Comunitat Valenciana según el artículo 7.2 de su Estatuto de Autonomía:

> El idioma valenciano es el oficial en la Comunitat Valenciana, al igual que lo es el castellano, que es el idioma oficial del Estado. Todos tienen derecho a conocerlos y a usarlos y a recibir la enseñanza del, y en, idioma valenciano.

El valenciano es una lengua derivada del latín que tiene su origen en la influencia de varias lenguas, partiendo del mozárabe, lengua constituida por diferentes dialectos romances, derivados del latín vulgar, del íbero y del árabe que se hablaba en el antiguo Reino de Valencia.

No obstante, existen diversas teorías sobre el origen del valenciano, como la de la repoblación (o **dialectal**), la cual no se sustenta por no tener el condado de Urgel suficiente población como para colonizar todo el Reino de Valencia (que ya estaba habitado). Por esta razón existe una gran diferenciación respecto al léxico y la semántica de otras lenguas románicas. Otra de las teorías, la **occitanista**, defiende que el catalán, el valenciano, el gascón, el mallorquín y el occitano formarían un grupo de lenguas íntimamente ligadas entre sí. La teoría **mozarabista** es la que más se acerca a la realidad.

Valencia, primera colonia romana en España, se fundó en el año 138 a. C. (*Valentia Edetanorum*). De la época íbera quedan vestigios en monedas y lápidas donde aparecen nombres de personas, ciudades, villas, ríos y montañas ibéricas romanizadas durante la dominación romana, es por eso que se puede afirmar que más de las tres cuartas partes de las palabras que constituyen el tesoro léxico del valenciano (al igual que las del catalán y el mallorquín) tienen raíces de la lengua romana, bien vulgar, bien clásica, aunque estudios sobre filología de las lenguas románicas en España encuentran abundantes sedimentos lingüísticos procedentes de la fusión de palabras íberas y celtas en la lengua romana vulgar o romance.

El siglo de oro de las letras valencianas abarca prácticamente todo el siglo XV, época de máximo esplendor de la lengua valenciana escrita. Durante este siglo surgieron autores tan reconocidos como Jordi de Sant Jordi, Ausias March, Joanot Martorell, Joan Roiç de Corella, Jaume Roig o Sor Isabel de Villena.

El valenciano cuenta con dialectos diferentes entre sí que le aportan al idioma gran riqueza: el valenciano de transición, el septentrional, el apichat, el meridional y el alicantino. El del valenciano es un caso particular, pues se caracteriza por su **doble normativización**:

– Por un lado, las *Normes de Castelló* (1932), aprobadas con el respaldo de importantes instituciones culturales valencianas, son unas normas ortográficas elementales que siguen el modelo catalán de Pompeu Fabra, aunque adaptadas al valenciano.

– Por otro, las *Normes del Puig* (1979), elaboradas por la Secció de Llengua i Lliteratura de la Real Academia de Cultura Valenciana, responden al espíritu rupturista que entiende el valenciano como una lengua independiente de la catalana.

Se adoptan unas normas u otras; en cualquier caso, queda clara la necesidad de la existencia de una normativización que permita el desarrollo de la lengua, sobre todo en el medio escrito.

En la actualidad, la institución encargada de la fijación del valenciano estándar es la Acadèmia Valenciana de la Llengua (1998), que sigue, en esencia, la normativa de 1932, buscando la unidad lingüística con el catalán. La Generalitat Valenciana ha previsto medidas legislativas específicas tendentes a la normalización de la lengua en las zonas valencianohablantes de la comunidad.

1.4. Vasco

La lengua vasca (en vascuence *euskera* o *euskara*) se habla a ambos lados del extremo occidental de los Pirineos, por lo que abarca territorios pertenecientes tanto a España como a Francia. En España, la lengua está extendida a lo largo de la Comunidad Autónoma del País Vasco (*Euskadi*), formada por las provincias de Álava (*Araba*), Guipúzcoa (*Gipuzkoa*) y Vizcaya (*Bizkaia*), así como en la Comunidad Foral, y a la vez provincia, de Navarra (*Nafarroa*), con diferencias notables de implantación según las zonas. En Francia, por su parte, se habla en las antiguas provincias de Labort (*Lapurdi*), Baja Navarra (*Baxenabarre*) y Sola (*Zuberoa*), así como en los valles del Bearne colindantes con Sola. El conjunto de estas siete provincias es denominado *Euskal Herria*, en vascuence, y *Vasconia* en castellano.

El euskera es una lengua genéticamente aislada, es decir, no pertenece a ninguna familia lingüística conocida. Su caso no es único: en el mundo hay en torno a un centenar de lenguas aisladas, entre las que pueden citarse el ainu al norte de Japón, el burushaski en Pakistán, el kusunda en el Nepal, el zuni en Nuevo México, el nihali o nahali en la India, el sandawe en Tanzania, el kutenai en Canadá y en los estados de Idaho y Montana (EE UU) y el coreano. Como suele ocurrir con las lenguas que no cabe clasificar en un determinado tronco lingüístico, también acerca del origen del euskera se han ido sucediendo en la historia hipótesis de lo más variopintas.

El proceso de recuperación del vasco tiene como hito relevante la constitución de la Real Academia de la Lengua Vasca (Euskaltzaindia) en 1919, concebida como institución académica oficial encargada de la protección e investigación de la lengua, de su tutela social y del establecimiento de normas filológicas de uso.

EUSKALTZAINDIA

REAL ACADEMIA DE LA LENGUA VASCA
ACADÉMIE DE LA LANGUE BASQUE

Parece evidente que la normativización de la lengua vasca ha sido la más complicada, entre todas las realizadas, por la multiplicidad de dialectos existentes, algunos muy diferentes y hasta incomprensibles entre sí. La necesidad de esta estandarización se había puesto de manifiesto y debatida desde casi los inicios de la literatura vasca, pero no fue hasta la década de los años cincuenta cuando se decidió abordar definitivamente tal empresa, necesaria si se quería garantizar la supervivencia del idioma.

Tras el Congreso de Arantzazu (1968), convocado por la *Euskaltzaindia*, se aprueba la creación del vasco unificado (*euskera batua*), versión oficial del idioma que es, en la actualidad, el empleado en la enseñanza, la administración pública, los medios de comunicación y la mayor parte de la producción escrita en esta lengua. Tanto la comunidad autónoma del País Vasco como la de Navarra cuenta con legislación en materia de normalización lingüística.

1.5. Asturiano

La recuperación del asturiano es consecuencia de un movimiento cultural más reciente. El llamado Surdimientu, nacido a mitad de la década de los años setenta con la aparición de la asociación Conceyu Bable, reivindicó la recuperación y el uso literario de la lengua asturiana, hasta entonces consumida en costumbrismo y lenguaje diglósico. En torno a este movimiento surgieron diversos colectivos culturales y políticos que desarrollaron campañas de difusión y promoción (como Bable nes escueles). El papel de la nueva generación de escritores y de músicos en asturiano ha sido fundamental en la difusión y el reconocimiento social de la lengua.

El último paso para la definitiva consolidación del asturiano como lengua moderna y de futuro ha sido la creación de la Academia de la Llingua Asturiana (1981), a iniciativa del gobierno autonómico. Gracias a la labor de esta institución pública se ha podido fijar una normativa estándar, por encima de las variedades dialectales, que asegura la coherencia en el uso escrito de la lengua y, a fin de cuentas, su continuidad. En la actualidad, el asturiano cuenta con una gramática, un diccionario y unas normas ortográficas oficiales que han permitido que pueda ser estudiado en los colegios e institutos del Principado de forma voluntaria (aunque su oferta por los centros es obligatoria), o que el Consejo de Universidades esté estudiando la posible aprobación de la titulación de Filología Asturiana. Además, cuenta con protección jurídica expresa, que sitúan al bable en una situación de *cuasi* oficialidad en su comunidad. Ahora se reivindica la oficialidad para la lengua asturiana.

1.6. Aragonés

La última lengua en sumarse a este proceso de recuperación y normativización ha sido la aragonesa. Durante la transición y primeros años de autonomía aragonesa, la hasta entonces llamada *fabla* experimentó una notable revitalización gracias a la acción de diversas asociaciones constituidas para su defensa y promoción, como el Consello d'a Fabla Aragonesa (1976) o el Ligallo de Fabláns (1982). Desde entonces no han cesado ni la actividad literaria en aragonés ni su divulgación, tanto por instituciones privadas como públicas. En la actualidad, la lengua aragonesa, reconocida y protegida en el Estatuto de Autonomía de Aragón, espera la aprobación de una ley que declare su cooficialidad en los municipios donde se habla.

En cuanto a la normativización, durante todos estos años se han sucedido diversas iniciativas para crear una variante estándar y unas normas ortográficas consensuadas que permitan superar el principal escollo del aragonés, que es su disparidad dialectal. Una de esas iniciativas fue el *Manifiesto por la Unidad de la Lengua Aragonesa* (2005), al que se adhirieron muchas instituciones públicas, colectivas y particulares que reivindicaron la necesidad de afianzar un modelo culto y referencial. Tras el II Congreso de la Lengua Aragonesa (2006) se decidió formalizar una Academia de l'Aragonés que asuma la función de fijar el estándar normativo que garantice la unidad de la lengua y asegure la continuidad de su uso. La lengua aragonesa se encuentra presente en el decreto del currículo de Educación Primaria.

Del análisis de los procesos descritos, podemos inferir la existencia de tres fases en todo proceso de normalización lingüística:

1. Recuperación y dignificación.
2. Normativización.
3. Normalización social.

2. Lenguas en contacto

2.1. Bilingüismo

J. L. Doménech (1990) define el bilingüismo como una "particularidad conductual de las personas, caracterizada por poseer la habilidad de poder utilizar dos idiomas con parecido grado de dominio, es decir, la habilidad lingüística de dominar dos sistemas lingüísticos para comunicarse con los demás".

Lam (2001), por su parte, lo define como un fenómeno de competencia y comunicación en dos lenguas.

Podemos entenderlo, pues, como la coexistencia de dos lenguas (que se utilizan una y otra de forma alternativa) como vehículos habituales en la comunicación en un mismo territorio y en un mismo grupo social.

El dominio de una y otra tiene **niveles** distintos en las personas bilingües:

– **Nivel 1**. Hablar dos lenguas (**elemento fijo**).
– **Nivel 2**. Comprender, hablar, leer y escribir dos lenguas (**elemento variable**).
– **Nivel 3**. Pensar en dos lenguas (**elemento variable**).

Pocas personas bilingües consiguen el nivel 3 o todos los elementos del 2. El nivel 1 refleja el bilingüismo definido por el *Diccionario de la lengua española* de la Real Academia: "Uso habitual de dos lenguas en una misma región o por una misma persona"; bilingüe es el "que habla dos lenguas", sin más precisiones.

Clases de bilingüismo

Para reconocer las clases de bilingüismo tenemos en cuenta los dos elementos señalados en la definición que da la RAE: el **individuo** y la **sociedad**.

A) Bilingüismo individual

El que tiene en cuenta a la persona y a todo aquello que ocurre en ella como bilingüe. Atendiendo a la diversidad de situaciones este bilingüismo adopta nombres distintos:

- **Según la relación entre lenguaje y pensamiento**. Al oír un mensaje, el bilingüe puede entenderlo mejor en la lengua predominante, generalmente la materna, o por igual en las dos. En el primer caso, la contestación al mensaje será en la lengua predominante; en el segundo, se contestará en la misma del mensaje recibido.

- **Según el grado de conocimiento de la lengua**. Puede ocurrir que se conozca una lengua mejor que otra o las dos por igual.

- **Según la edad de adquisición**:

  * **Bilingüismo de infancia**: el del niño que aprende dos lenguas a la vez (**bilingüismo simultáneo**) o aprende primero la materna y después la otra (**bilingüismo consecutivo**).

  * **Bilingüismo de adolescencia**: cuando se aprende una lengua en la enseñanza secundaria (12 a 18 años).

  * **Bilingüismo de edad adulta**: cuando se aprende una lengua a partir de los 18 años.

- **Según la categoría social de las lenguas**. Cuando se valora a las dos lenguas por igual (**bilingüismo aditivo**) o se valora a una más que a otra (**bilingüismo sustractivo**).

- **Según la identidad cultural**. Cuando el bilingüe conoce la cultura de ambas lenguas (**bilingüismo bicultural**) o solo la de la materna (**bilingüismo monocultural**).

- **Según el nivel de conocimiento y uso de la lengua**. Los bilingües usan las lenguas de distinta manera, con un grado de conocimiento relacionado con los niveles a los que nos referíamos en la definición. En esto influyen:

  * **Factores internos**: edad, memoria, inteligencia, motivación de la persona.

  * **Factores externos**: familia, comunidad a la que se pertenece, escuela, contacto con los medios de comunicación...

B) Bilingüismo social

Llamamos así al bilingüismo de una sociedad en la que se hablan dos lenguas o más. De acuerdo con esto, la mayor parte de los países del mundo son bilingües, aunque no en todos los casos es igual.

Desde un punto de vista teórico pueden adoptarse tres situaciones de bilingüismo social, aunque la realidad es mucho más compleja:

- **Situación primera**: en un país hay dos lenguas correspondientes a dos grupos humanos diferentes que hablan cada uno la suya. Unos cuantos individuos bilingües se encargan de la comunicación entre ambos grupos. Por ejemplo, durante el descubrimiento de América, nativos y españoles hablaban cada uno su lengua y había una serie de traductores bilingües que establecían la relación entre ambos.

- **Situación segunda**: todos los hablantes son bilingües. En los países africanos y en la India casi todos sus habitantes lo son.

- **Situación tercera**: país donde hay dos grupos sociales, uno monolingüe y otro bilingüe, que suele ser minoritario. En España, por ejemplo, hay un grupo monolingüe (castellano) y otros bilingües (catalán, gallego, euskera, valenciano, balear).

Causas del bilingüismo social

A lo largo de la historia se han desarrollado acontecimientos que han puesto en contacto a diversas lenguas. La explicación total al fenómeno del bilingüismo no la encontramos en cada uno de ellos, sino en la suma de varios. Entre los principales señalamos los siguientes:

- A través de la colonización un pueblo invade a otro e impone su poder y su cultura durante años.

- El intercambio de productos comerciales entre los pueblos lleva a muchos pueblos monolingües a convertirse en bilingües.

- La superioridad demográfica de unos hablantes en un país con varias comunidades lingüísticas; la que tiene una lengua con mayor número de hablantes, acaba siendo utilizada por las otras.

- El poder y la superioridad económica del grupo que habla una lengua lleva al otro grupo a adquirirla.

- Una lengua arropada con un desarrollo cultural grande será adoptada por comunidades que desean acceder a dicha cultura. Si dispone de medios de comunicación fuertes (cine, radio, prensa, televisión, internet) el efecto será más rápido.

- Las lenguas que son enseñadas en la escuela y en la universidad son adoptadas por comunidades cuya lengua se desenvuelve solamente en el ámbito familiar.

– La religión ha sido una de las causas de la extensión de algunas lenguas y del bilingüismo.

– La emigración como pueblo o como individuos ha obligado a millones de personas a ser bilingües.

Para **W. F. Mackey**, autor muy relevante en estudio de bilingüismos, se debe huir de la generalidad de un concepto basado solo en dos lenguas y propone partir del concepto de **multilingüismo**. Según este autor hay que especificar una serie de aspectos:

– Número de lenguas implicadas (multilingüismo).

– Tipo de lenguas (si son afines en cuanto orígenes).

– Influencia de una lengua sobre otra (fonéticas, lexicales y estructurales).

– Grado de perfección (estado ideal de posesión como el de un nativo).

– Oscilaciones (preferencias según situaciones).

– Función social (diferentes situaciones y niveles sociales de la comunicación pueden exigir lenguas diferentes).

Miguel Siguán plantea la necesidad de distinguir grados en el bilingüismo en cuanto a su conocimiento comparado de dos lenguas.

2.2. Diglosia

Una lengua va siempre relacionada con un grupo lingüístico concreto y los grupos lingüísticos surgen por diversas razones, entre las principales están precisamente el disponer de una lengua y una cultura propias.

Los distintos grupos lingüísticos están, a su vez, interrelacionados entre sí por razones muy diversas: económicas, sociales, políticas, etc., provocando ciertas conexiones de poder y de prestigio que repercuten en la cantidad y en la calidad de utilización de las diversas lenguas en contacto, de ahí que resulte casi siempre muy difícil encontrar un bilingüismo perfecto; es más normal encontrar tendencias, situaciones, en las que una lengua prepondera *de facto* sobre otra.

El término 'diglosia' fue acuñado en 1959 por el lingüista estadounidense **Charles A. Ferguson** en su libro *Diglosia* y, en la actualidad, está ampliamente difundido. Con él suelen calificarse todas aquellas situaciones en las que se produce cierta imposición en la comunicación formal de una lengua que suele gozar de mayor prestigio sobre otra, que queda recluida a situaciones de comunicación no formal o exclusivamente familiar.

Ferguson la define así:

> Es una situación lingüística relativamente estable en la que, junto a los principales dialectos de la lengua (que pueden incluir una forma o diversas formas regionales normativizadas), existe una variedad muy divergente, altamente codificada (a menudo gramaticalmente más compleja), que constituye el vehículo de un cuerpo de literatura escrita amplio y respetado que procede de un periodo más antiguo o de otra comunidad lingüística que es ampliamente aprendida en la educación formal, pero no lo es para ningún sector de la comunidad en la conversación ordinaria.

Este término se utiliza para designar situaciones colectivas en las que no solo coexisten dos lenguas, sino que una de ellas tiene un "estatus" privilegiado, un uso culto y oficial y, por tanto, prestigiada, y otra se usa únicamente para los ámbitos privados o para tratar temas sin trascendencia pública.

En relación con la diglosia, se pueden dar las siguientes situaciones:

- **Utilización alta**: cuando una lengua es utilizada como vehículo de cultura (educación, comercio, organismos oficiales, medios de comunicación, literatura).

- **Utilización baja**: si la lengua se utiliza en el ambiente familiar, en fiestas populares, entre amigos.

2.3. Plurilingüismo

Utilización de tres o más lenguas por un hablante o comunidad. Es un fenómeno relacionado con el bilingüismo, ya que, en un país con varias lenguas, como en España, cada una de las comunidades con lengua propia es bilingüe porque usa la lengua materna y el castellano.

2.4. Análisis de la situación lingüística en la Comunitat Valenciana

Atendiendo a la realidad lingüística del año 1985, la **Ley 4/1983**, de 23 de noviembre, **de uso y enseñanza del valenciano**, regula la normalización lingüística impulsando el conocimiento y uso del valenciano en todas las esferas de la vida pública, la enseñanza, la administración y medios de comunicación.

La incorporación del valenciano normativo a la enseñanza y otras esferas de la vida pública ha dado lugar en la actualidad a una plena situación normalizada. Gracias al proceso de normalización en la actualidad en la Comunitat Valenciana, ambas lenguas conviven de forma tolerante y respetuosa y las nuevas generaciones han ido adquiriendo a través de su escolarización competencia comunicativa oral y escrita en ambas lenguas.

El valenciano como lengua de enseñanza

Ni que decir tiene que la utilización del valenciano como lengua vehicular de enseñanza es considerada (no solo por los profesionales de la enseñanza, sino por la propia administración educativa), como una de las principales aportaciones para su recuperación en igualdad de condiciones que la otra lengua oficial: el castellano.

La Ley 4/2018, de 21 de febrero, de la Generalitat, por la que se regula y promueve el plurilingüismo en el sistema educativo valenciano, establece para todos los centros educativos de la Comunitat Valenciana un modelo plurilingüe, con autonomía para los centros, delimitado por unos porcentajes mínimos en el tratamiento y uso del castellano, valenciano e inglés.

En la **Ley 1/2024**, de 27 de junio, de la Generalitat, **por la que se regula la libertad educativa**, vigente actualmente en la Comunitat Valenciana y reguladora del uso vehicular de las lenguas en contacto, se regresa a modelos lingüísticos basados en la territorialidad como condicionantes del uso de las lenguas comunitarias y extranjera, siendo una de las variables predominantes junto con el derecho de las familias en la elección de las mismas.

3. Fundamentación teórica y consecuencias para la práctica docente

3.1. Fundamentación teórica

Todas las personas tenemos la capacidad de aprender más de una lengua. El hecho de vivir en una comunidad bilingüe como la nuestra, ofrece a los ciudadanos más posibilidades, desde pequeños, de hacer un aprendizaje escolar y práctico de las lenguas presentes en la sociedad.

La mejor manera para que los niños aprendan una lengua es la de ofrecerles posibilidades de escucharla en varias situaciones o contextos significativos y, además, facilitarles oportunidades de utilizarla en una comunicación activa, tanto a nivel oral como escrito. Los centros escolares suponen el contexto idóneo para conseguir los objetivos propuestos y para rentabilizar el procedimiento.

Fundamentos psicopedagógicos del bilingüismo

El dominio de dos idiomas comporta que las personas descifren mucha más información sobre el lenguaje que si solo conocen una sola lengua. En una educación bilingüe, los alumnos suman un segundo idioma al propio repertorio de habilidades y, sin ningún esfuerzo adicional, al aprendizaje de su primer idioma. Los niños que continúan utilizando los dos idiomas durante sus años escolares, además, obtienen otros beneficios de tipo académico e intelectual.

Los estudios actuales de psicolingüística indican que hay una competencia lingüística común a todas las lenguas. El bilingüismo facilita la transferencia de habilidades comunicativas que inciden positivamente en el aprendizaje de más de una lengua y en el rendimiento académico de los escolares.

La educación bilingüe garantiza un aprendizaje equilibrado de los dos idiomas oficiales y posibilita una mejor integración en la realidad cultural y lingüística valenciana y más salidas profesionales.

Consecuencias del bilingüismo:

– El dominio efectivo de más de una lengua facilita el conocimiento de otros idiomas.

– El bilingüismo enriquece social y culturalmente a las personas.

– Aumenta el rendimiento escolar.

– El hecho de que todos los miembros de una sociedad conozcan y puedan usar las lenguas oficiales favorece la integración y la concordia en una comunidad lingüística y culturalmente diversa.

Anderson (1980) elabora una teoría de adquisición de la segunda lengua que, posteriormente, es adaptada por **O'Malley** (1987, 1990) y nos ofrece un modelo coherente con todo lo expuesto hasta ahora. Según estos autores, el proceso de adquisición de la segunda lengua pasaría por tres fases claramente diferenciadas:

– **Primera fase: elaboración cognitiva**. El aprendiz centra su atención de forma consciente en el tipo de modelos de segunda lengua que se le presentan. Esta actividad consciente puede ir dirigida hacia aspectos formales de la lengua, pragmáticos, semánticos, fórmulas rutinarias, etc. y requiere un esfuerzo deliberado por parte del aprendiz para reconocer y dar significado a esos modelos que se le ofrecen. Se caracteriza por su enfoque hacia la comprensión y/o recuerdo de los diferentes aspectos de los modelos presentados.

– **Segunda fase: interlengua**. El aprendiz comienza a elaborar hipótesis sobre las características más relevantes de la información recibida, así como de su organización y estructuración, contrastándolo con sus conocimientos anteriores o poniendo a prueba dichas hipótesis mediante la producción o ejemplificación. Es una etapa temporal en la que el aprendiz todavía hace un uso no totalmente correcto y se dan una corrección gradual de los errores. En esta fase el alumno es capaz de usar la lengua con fines comunicativos, aunque de forma imperfecta.

– **Tercera fase: automatización**. El conocimiento adquirido en las dos fases anteriores está disponible para usarse de forma espontánea. Dicha automatización se puede llevar a la práctica a través del uso de la segunda lengua en variedad de situaciones con propósitos diferentes.

El aprendizaje de otra lengua en edad infantil exige:

- En primer lugar, la creación de un ambiente lingüísticamente acogedor y estimulante.

- En segundo lugar, todas las actividades de aprendizaje del niño deben tener un carácter de juego, pues el juego es la actividad que promueve de manera más vital y funcional el desarrollo total del niño.

3.2. Consecuencias en la práctica docente

Los **modelos de educación bilingüe** que se adopten dependen de los siguientes factores:

- El nivel educativo en que se desarrolle.

- La localización geográfica del centro, que supondrá un predominio castellano o valenciano en el que se articularán las propuestas a partir de las demandas de las familias.

- La proporción lengua/contenidos.

- El grado de conocimientos previos del alumnado.

Los posibles modelos, atendiendo a estas variables, son:

- **Modelo de inmersión**: supone el aprendizaje y la comunicación en L2. Al final de Educación Primaria los alumnos suelen ser bilingües funcionales.

- **Modelo intensivo a través de los contenidos**: habitualmente desarrollado en los centros de Educación Primaria. Consiste en la selección de un número de asignaturas no lingüísticas del currículo escolar que se imparten en L2 por el profesor generalista.

- **Modelo basado en temas**: se estructura en torno a temas que se seleccionan para proporcionar el contenido a partir del cual los profesores extraen las actividades de enseñanza de lenguas. Se puede usar L2 en múltiples contextos en torno a temas diversos.

- **Modelo de refugio**: conlleva la separación de los aprendices de L2 de los estudiantes nativos. Proporciona a las minorías una oportunidad de acceder al conocimiento de la lengua de modo intensivo.

Principios metodológicos

1. **Globalización**. Hay que integrar los fonemas en las palabras y las palabras en las oraciones. La globalización exige integrar el idioma entre las otras áreas, así como en situaciones verbales, situaciones reales (conversaciones), al igual que en imitaciones de la realidad (dramatizaciones, diálogos, etc.).

2. **Primacía de lo oral sobre lo escrito**. El niño desarrolla las capacidades orales antes que las escritas. Metodológicamente, el predominio oral significa que debemos comenzar por el lenguaje hablado con métodos eclécticos: fonemas integrados en palabras, palabras en frases, entonación de frases. Se trata de dedicar especial atención a las destrezas orales.

3. **Importancia de la enseñanza en situación**. Como la lengua se usa en situaciones de comunicación, la lengua se aprende en situaciones de comunicación.

4. **Enseñanza activa**. El procedimiento de aprendizaje de la lengua es el método activo; esto significa no suministrar datos o reglas sobre esa lengua, sino capacitar para usarla.

5. **Variedad**. Presentar un material que muestre la variedad del material gramatical: fichas, grabados, láminas, diapositivas, encerado de franela, magnetófono, cómics, etc. Son especialmente lúdicos los títeres y las marionetas.

6. **Gradación de las dificultades**. Escalonamiento progresivo de las dificultades: primero, discriminar los sonidos, después las palabras y frases, posteriormente las pautas lingüísticas, luego las pautas progresivas; primero oír, después hablar, después leer.

Conclusión

La diversidad lingüística en España es una realidad social y cultural. En la Comunitat Valenciana el aprendizaje de la lengua de contacto se abordará en la escuela con el fin de que ambas lenguas se equiparen en conocimiento y uso para lo cual, la ley de enseñanza y uso del valenciano, y posteriores normativas, estipulan los programas básicos de intervención.

Bibliografía

COELHO, E. (2006). *Enseñar y aprender en escuelas multiculturales: una aproximación integrada*. Barcelona: ICE-Horsori.

Consejo de Europa (2002). *Marco Común Europeo de Referencia para las Lenguas: enseñanza, aprendizaje, evaluación*. Madrid: Instituto Cervantes, Ministerio de Educación, Cultura y Deporte y editorial Anaya.

COTS, J. M.; IBARRARAN, A.; IRÚN, M.; LASAGABASTER, D.; LLURDA, E. y SIERRA, J. M. (2010). *Plurilingüismo e interculturalidad en la escuela. Reflexiones y propuestas didácticas*. Barcelona: ICE-Horsori.

GARCÍA, A. (2002). "Bases comunes para una Europa plurilingüe. Marco Común Europeo de Referencia para las Lenguas: aprendizaje, enseñanza, evaluación", en *El español en el mundo*. Anuario del Instituto Cervantes (pp. 13-34). Barcelona: Plaza y Janés y Círculo de Lectores.

LLORIÁN, S. (2007). "El desarrollo de las competencias pluricultural y plurilingüe", en *Entender y utilizar el Marco Común Europeo de Referencia desde el punto de vista del profesor de lenguas*. Madrid: Santillana.

RUIZ, U. (2000). *Didáctica de la segunda lengua en Educación Infantil y Primaria*. Madrid: Síntesis.

SIGUÁN, M. (1992). *La España plurilingüe*. Madrid: Alianza.

Webgrafía

- **Generalitat Valenciana. Programa de lenguas vehiculares.**
  https://ceice.gva.es/es/web/ensenanzas-en-lenguas/inicio

TEMA 4

El área de Valenciano. Lengua y
Literatura en la Educación Primaria:
enfoque y características.
Contribución del área al desarrollo
de las competencias básicas.
Contenidos y criterios de evaluación.
Relación con otras áreas del currículum

Índice

Introducción

El aprendizaje de la lengua implica la aprehensión de multitud de significados implícitos. Estos dependen del entorno cultural y, por lo tanto, de los modos de interpretar la realidad cultural.

Los ámbitos de intervención que debemos trabajar en el área de las lenguas son: comunicación oral, escrita, saber leer y saber escuchar. Se incluyen, por tanto, los dos **procesos básicos de la comunicación**:

- **Comprensión**: es un proceso activo. Para poder comprender, el receptor establece conexiones entre el mensaje actual y la información y conocimientos previos; realiza inferencias e interpretaciones; selecciona, codifica y valora.

- **Expresión**: posibilita la transmisión de sentimientos, vivencias, ideas y opiniones.

1. El área de Valenciano. Lengua y Literatura en la Educación Primaria: enfoque y características

La finalidad del aprendizaje de lenguas es dotar a las niñas y a los niños de una competencia plurilingüe y pluricultural.

La educación relativa al lenguaje y a la comunicación es uno de los ejes fundamentales en la Educación Primaria, puesto que permite al alumnado comunicarse de manera eficiente oralmente y por escrito, expresar y compartir ideas, percepciones y sentimientos, apropiarse de los contenidos culturales, regular la conducta propia y la de los demás, ejercer su sentido crítico, adoptar una postura creativa y construir, en definitiva, la propia visión del mundo.

A lo largo de esta etapa, las niñas y los niños deben empezar a adquirir un saber reflexivo sobre las prácticas comunicativas necesarias para vivir en la sociedad del siglo XXI. Así pues, la enseñanza y el aprendizaje en esta área tiene como objeto desarrollar las **habilidades lingüísticas: hablar, escuchar y conversar, leer y escribir**. También, y de manera específica, pretende acercar a la lectura y comprensión de textos literarios.

Aprender lengua significa, por tanto, alcanzar la competencia necesaria para tener éxito en las diferentes situaciones de la vida, incluida la escolar.

Esta educación lingüística tiene que impartirse a alumnado de procedencia muy diversa. Esto comporta, de entrada, unas competencias desiguales con respecto a las lenguas que configuran el currículo. Las alumnas y los alumnos llegan a la escuela con una lengua familiar o habitual, con un repertorio verbal y con unas experiencias culturales diferentes que han ido adquiriendo en sus interacciones con otros hablantes en casa o en el entorno inmediato. De esta manera, llegan a los primeros cursos de la Educación Primaria alumnas y alumnos bilingües, monolingües y plurilingües, tanto nacidos en nuestra comunidad, como procedentes de lenguas o culturas diferentes. El papel de la Educación Primaria es ampliar esta competencia lingüística y comunicativa inicial de modo que sean capaces de interactuar en los diversos ámbitos sociales en los que se van a ver inmersos. De estos se han seleccionado aquellos que se estiman más apropiados para el trabajo escolar: el de las relaciones sociales que conforman la vida cotidiana en el aula y en el centro, el de los medios de comunicación, el literario y, de manera privilegiada, el ámbito académico.

Estas características del alumnado plurilingüe, de las cuales partimos y a las cuales queremos llegar, nos obligan a un tratamiento específico de las lenguas del currículo al que llamamos **enfoque integrado**.

Este planteamiento integrado consiste en una educación lingüística unitaria, lograda mediante la participación conjunta de las tres lenguas del currículo. Pero esta coexistencia en el currículo de Primaria podría comportar un exceso de tiempo curricular dedicado a las lenguas, por ello, hay que abordar algunos contenidos, especialmente los que hacen referencia al lenguaje académico, unidos al uso vehicular en las áreas no lingüísticas, mediante un tratamiento integrado de las lenguas y los contenidos.

Cuando hablamos de enseñanza y aprendizaje de más de una lengua desde una perspectiva integrada hemos de tener en cuenta dos factores: por una parte, que hay unas **competencias comunes** (conceptuales, cognitivas y estratégicas) en las diferentes lenguas y, por otra, que existen unas **competencias lingüísticas superficiales**, específicas para cada una de las lenguas y que tienen que aprenderse de manera independiente en cada una de ellas, lo que puede ocasionar procesos de transferencias y de interferencias que habrá que tener en cuenta.

Para realizar un tratamiento integrado en el centro docente, el profesorado ha de adoptar unos criterios comunes y compartidos: consideración de la lengua como objeto de aprendizaje, conocimiento de los principios globales que regulan la adquisición y el aprendizaje de lenguas y el enfoque metodológico para todas ellas en común y para cada una en particular.

A partir de estos criterios comunes, se establecerá un tratamiento diferenciado para las lenguas que se imparten, según sea la L1, L2 o L3 del alumnado, de acuerdo con su estatus sociolingüístico, su presencia en la actividad social y en el currículo del centro y de acuerdo también con las características concretas del alumnado.

En cuanto a la **metodología**, para la perspectiva integrada son válidos tanto los principios comunicativos como las aportaciones más recientes de la enseñanza de lenguas. Desde una perspectiva global, y atendiendo al mayor progreso metalingüístico que suele experimentar el alumnado plurilingüe, lo consideraremos como comunicador y como investigador de la lengua.

 – **Como comunicador**, el trabajo de lengua se basará en adquirir competencias a partir de su actividad comunicativa oral y escrita en situaciones relevantes y significativas.

– **Como investigador**, se aprovechará su capacidad de reflexión para tomar conciencia de cómo funcionan las lenguas y para ampliar y perfeccionar su competencia comunicativa en cada una de ellas a través de actividades intralingüísticas e interlingüísticas.

Dentro de este marco comunicativo y de construcción del conocimiento, la lectura y la escritura tienen que entenderse como actividades cognoscitivas complejas. Su aprendizaje no se puede reducir a que las alumnas y los alumnos sean capaces de establecer relaciones entre el código oral y el código escrito. Debe comportar, además, que sean capaces de interpretar y producir toda clase de géneros textuales y de discursos a su alcance y que dominen los conceptos y las estrategias que les permitirán construirlos y usarlos tanto en la comunicación como en el aprendizaje. Asimismo, la lengua escrita tiene que permitir descubrir las posibilidades que ofrecen la lectura y la escritura como fuente de placer, de fantasía, de información y de saber.

2. Contribución del área al desarrollo de las competencias básicas

En el marco de la propuesta realizada por la Unión Europea, y de acuerdo con las consideraciones que se acaban de exponer, para la Educación Primaria se han identificado ocho **competencias clave**:

– Competencia en comunicación lingüística.

– Competencia plurilingüe.

– Competencia matemática y en ciencia, tecnología e ingeniería.

– Competencia digital.

– Competencia personal, social y de aprender a aprender.

– Competencia ciudadana.

– Competencia emprendedora.

– Competencia en conciencia y expresión culturales.

La propia concepción del currículo de esta área, al poner el énfasis en el uso social de la lengua en diferentes contextos comunicativos, hace evidente su contribución directa al desarrollo de todos los aspectos que conforman la **competencia en comunicación lingüística**.

Por otra parte, el acceso al saber y a la construcción de conocimientos mediante el lenguaje se relaciona directamente con la **competencia de aprender a aprender**.

El lenguaje, además de instrumento de comunicación, es un medio de representación del mundo y está en la base del pensamiento y del conocimiento, permite comunicarse con uno mismo, analizar problemas, elaborar planes y emprender procesos de decisión. En suma, regula y orienta nuestra propia actividad con progresiva autonomía. Por ello, su desarrollo y su mejora desde el área contribuyen a organizar el pensamiento, a comunicar afectos y sentimientos, a regular emociones y favorecer el desarrollo de la **competencia ciudadana** entendida como habilidades y destrezas para la convivencia, el respeto y el entendimiento entre las personas, ya que necesariamente su adquisición requiere el uso de la lengua como base de la comunicación.

El área de Lengua también es un ámbito privilegiado para desarrollar la habilidad de interpretar y expresar con claridad y precisión informaciones, datos y argumentaciones y, así, colaborar en la construcción de la **competencia matemática y competencias básicas en ciencia y tecnología e ingeniería**, de la que la habilidad mencionada forma parte. La lectura atenta y la comprensión literal e inferencial de enunciados forman parte del proceso de resolución de problemas, motivo por el cual el área de Lengua también contribuye a desarrollar esta competencia.

Con respecto a la **competencia digital**, el área contribuye en cuanto que proporciona conocimientos y destrezas para la búsqueda, selección, tratamiento de la información y comunicación, en especial, para comprender dicha información, su estructura y organización textual y para su utilización en la producción oral y escrita.

El currículo del área incluye el uso de soportes electrónicos en la composición de textos. Esto significa algo más que un cambio de soporte, ya que afecta a las operaciones mismas que intervienen en el proceso de escritura (planificación, ejecución del texto, revisión…) y que constituyen uno de los contenidos básicos de esta área. Los nuevos medios de comunicación digitales que surgen continuamente implican un uso social y colaborativo de la escritura, lo que permite concebir el aprendizaje de la lengua escrita en el marco de un verdadero intercambio comunicativo.

La asertividad, la empatía, así como la lectura y el análisis crítico de los mensajes informativos y publicitarios son elementos que desde el área de Lengua contribuyen al desarrollo de la **competencia personal y social**.

Además de reconocer la propia lengua como elemento cultural de primer orden, en esta área la lectura, comprensión y valoración de las obras literarias contribuyen al desarrollo de la **competencia en conciencia y expresión culturales**.

Por último, el área de Lengua contribuye de un modo especialmente relevante al desarrollo de la **competencia plurilingüe**. La competencia plurilingüe implica utilizar distintas lenguas, orales o signadas, de forma apropiada y eficaz para el aprendizaje y la comunicación. Esta competencia supone reconocer y respetar los perfiles lingüísticos individuales y aprovechar las experiencias propias para desarrollar estrategias que permitan mediar y hacer transferencias entre lenguas, incluidas las clásicas y, en su caso, mantener y adquirir destrezas en la lengua o lenguas familiares y en las lenguas oficiales. Integra, asimismo, dimensiones históricas e interculturales orientadas a conocer, valorar y respetar la diversidad lingüística y cultural de la sociedad con el objetivo de fomentar la convivencia democrática.

Las competencias específicas del área son:

– **Competencia específica 1. Multilingüismo e interculturalidad**. Reconocer la diversidad lingüística y cultural de la Comunitat Valenciana, de España y del mundo, a través del contacto con las lenguas del alumnado y del entorno; evitar prejuicios lingüísticos y valorar esta diversidad como una riqueza cultural.

– **Competencia específica 2. Comprensión oral y multimodal**. Comprender, interpretar y valorar, de manera guiada, textos orales y multimodales propios de los ámbitos personal, social y educativo, a través de la escucha activa, la aplicación de estrategias de comprensión oral y la reflexión sobre el contenido y la forma.

– **Competencia específica 3. Comprensión escrita y multimodal**. Comprender, interpretar y valorar, de manera guiada, textos escritos y multimodales propios de los ámbitos personal, social y educativo, a través de la lectura de textos, la aplicación de estrategias de comprensión lectora y la reflexión sobre el contenido y la forma.

– **Competencia específica 4. Expresión oral**. Producir, de manera guiada, mensajes orales sencillos con coherencia, cohesión y adecuación a través de situaciones de comunicación de los ámbitos familiar, social y educativo.

– **Competencia específica 5. Expresión escrita y multimodal**. Producir, de manera guiada, textos escritos y multimodales adecuados y coherentes con un vocabulario apropiado, utilizando estrategias básicas de planificación, textualización, revisión y edición.

– **Competencia específica 6. Interacción oral, escrita y multimodal**. Interactuar de forma oral, escrita y multimodal, a través de textos sencillos de los ámbitos personal, social y educativo, utilizando un lenguaje respetuoso y estrategias básicas de comprensión, expresión y resolución dialogada de conflictos, de manera síncrona y asíncrona.

– **Competencia 7. Mediación oral, escrita y multimodal**. Mediar entre interlocutores utilizando estrategias de adaptación y simplificación del lenguaje para procesar y transmitir información básica y sencilla en situaciones comunicativas predecibles de los ámbitos personal, social y educativo

– **Competencia 8. Lectura autónoma**. Leer de manera autónoma obras y textos de carácter diverso, seleccionados atendiendo sus gustos e intereses, y compartir las experiencias de lectura.

– **Competencia 9. Competencia literaria**. Leer y producir textos con intención literaria, sencillos, con lenguaje cercano al alumno, contextualizados en la cultura y la tradición, como fuente de placer y de conocimiento.

3. Contenidos y criterios de evaluación

En el texto consolidado de la **Ley Orgánica 2/2006**, de 3 de mayo, de Educación (LOE) modificado por la **Ley Orgánica 3/2020**, de 29 de diciembre (LOMLOE) encontramos como objetivo de la etapa propio del área el siguiente: "e) Conocer y utilizar de manera apropiada la lengua castellana y, si la hubiere, la lengua cooficial de la comunidad autónoma y desarrollar hábitos de lectura".

En el **Decreto 106/2022**, de 5 de agosto, del Consell, de ordenación y currículo de la etapa de Educación Primaria, encontramos una referencia explícita al valor del área en uno de sus objetivos de etapa: "5. Conocer y utilizar de manera adecuada y efectiva, oralmente y por escrito, las lenguas oficiales: el valenciano, como lengua propia y oficial, y el castellano, como lengua cooficial, y desarrollar hábitos de lectura individual y en contextos de diálogo, debate e intercambio de experiencias".

3.1. Saberes básicos

Este mismo Decreto 106/2022 nos especifica que "los saberes básicos son los conocimientos, las destrezas y las actitudes necesarios para adquirir las diferentes competencias específicas de esta área".

Los saberes se organizan en tres **bloques**:

– Lengua y uso.

– Estrategias comunicativas.

– Educación literaria.

Estos bloques generales se dividen en subbloques de saberes y, en algunos casos, también en grupos de saberes bajo un mismo subbloque. Esta distribución permite observar mejor las relaciones disciplinarias entre los saberes. Esas relaciones de tipo disciplinario se completan con unas indicaciones sobre la vinculación de los diferentes bloques, subbloques y grupos de saberes con las diferentes competencias específicas del área.

La gradación de los saberes vendrá marcada por los criterios de evaluación establecidos. En cada uno de los bloques y subbloques se disponen los contenidos básicos de manera ordenada, siguiendo un orden de más concreto a más general; también se sugiere el ritmo de adquisición a lo largo de la etapa, especialmente al final del segundo y tercer ciclo.

En cualquier caso, el orden de disposición de los tres bloques de contenidos básicos no denota en ningún caso ni una posición jerárquica, ni sugiere un trabajo separado de los saberes de cada apartado. Al contrario, los diferentes saberes básicos de los tres bloques se deben combinar entre sí en el momento del diseño de las situaciones de aprendizaje. Esta elección y combinación de los contenidos vendrá determinada por las competencias específicas involucradas en cada práctica de aula concreta que los docentes planifiquen.

Estos bloques de saberes tienen una correspondencia en el área de lengua extranjera, de forma que se puedan organizar para trabajar las competencias específicas de las diferentes lenguas de un modo integrado. Así se prepara el terreno para que se puedan planificar situaciones de aprendizaje que incluyan las diferentes lenguas del currículo. El objetivo final de esta organización es que el alumnado pueda desarrollar de una manera coherente la competencia en comunicación lingüística y la competencia plurilingüe, siguiendo los principios de la competencia plurilingüe global.

Los **ejes de los saberes básicos** son:

1. **El uso de la lengua**. La función de la educación lingüística en la etapa de Educación Primaria es el incremento y la diversificación de las experiencias comunicativas del alumno, a fin de favorecer el aprendizaje del uso de la lengua en situaciones formales. La competencia en el uso del valenciano y el castellano al principio de la etapa es muy diferente según sea la lengua de preferencia de cada alumno.

2. **El aprendizaje de la lengua escrita**. El aprendizaje de la escritura y lectura se realiza de manera interactiva y se debe incluir en un marco de construcción de sentido. La escritura y la lectura deben entenderse como actividades cognoscitivas complejas que no pueden reducirse a una simple traducción en códigos. La función comunicativa de la lengua, la comprensión y la expresión son los ejes esenciales sobre los que deben realizarse estos aprendizajes.

3. **La educación literaria**. La escuela debe ofrecer el contacto con todos aquellos textos en los que se hace patente la identidad cultural y lingüística de nuestro pueblo. Con respecto a la literatura, la selección de textos debe otorgar la posibilidad de gozo y diversión con la lectura. En la etapa de Primaria hay que contemplar la literatura como un juego de la lengua.

4. **La reflexión lingüística**. En la Educación Primaria se deben desarrollar las habilidades básicas de hablar, escuchar, leer y escribir. Es necesario reflexionar de manera sistemática sobre la lengua con el fin de mejorar la competencia comunicativa. El alumno debe habituarse a observar reflexivamente la lengua que utiliza, debe iniciarse en la construcción de conceptos básicos sobre su funcionamiento y en el aprendizaje de una terminología elemental que le permita discutir algunas cuestiones lingüísticas y ordenar las observaciones realizadas.

5. **La educación de actitudes frente a la lengua y los hablantes**. La educación debe contemplar las distintas valoraciones sociales que se asocian a cada una de las lenguas en conflicto. El valenciano sufre los prejuicios que resultan del trato discriminatorio frente a la lengua de prestigio. Es función del sistema fomentar actitudes consecuentes que faciliten a los hablantes la integración activa en el proceso de normalización de la lengua y mejoren la convivencia.

Con relación al **contenido de los diferentes bloques**, señalamos:

– **Bloque 1. Lengua y uso**: recoge todos los saberes que tienen que ver con la lengua en relación con su uso social, desde la biografía lingüística y el mapa lingüístico del aula, hasta la diversidad lingüística y los prejuicios lingüísticos presentes en la sociedad. Este bloque abarca, pues, de una manera progresiva a lo largo de la etapa, los contenidos básicos sobre elementos extralingüísticos que resultan fundamentales para la comunicación en sociedades plurilingües y multiculturales: la diversidad lingüística en el entorno inmediato y global, la situación social de las diferentes lenguas en contacto, la relación entre las lenguas y los poderes, o los elementos culturales que configuran y determinan los usos lingüísticos.

La biografía lingüística y el mapa lingüístico empiezan por el entorno más inmediato, la familia más próxima y el aula, y se amplían a lo largo de la etapa a contextos más lejanos, como pueden ser el centro, el barrio, la ciudad, la comarca y la familia más lejana, hasta llegar a la Comunitat Valenciana y España.

En cuanto a la variación lingüística, el alumnado debe ser consciente, de manera progresiva, de las diferentes variedades de la lengua, empezando por el entorno y los usos más inmediatos en primer ciclo hasta la variación presente en ámbitos más lejanos.

El lenguaje no discriminatorio debe ir poniéndose en práctica desde los primeros cursos de la etapa y ampliándose progresivamente en usos y contextos más amplios y diversos.

Las expresiones genuinas de la lengua empiezan por las de uso común en el nivel coloquial y se extienden a lo largo de los cursos en diferentes géneros (locuciones, frases hechas, refranes, colocaciones); el repertorio de expresiones se amplía a lo largo de la etapa a partir de los procesos de recepción y de reflexión, y se consolida a través del uso.

– **Bloque 2. Estrategias comunicativas**: reúne las diferentes estrategias y destrezas vinculadas a los procesos de producción, recepción, interacción y mediación.

En este bloque encontramos seis subbloques de saberes básicos. Los subbloques 2.1, 2.2 y 2.3 son transversales, puesto que se trabajan en todas las competencias comunicativas; y en los subbloques 2.4, 2.5 y 2.6 se encuentran los saberes sobre cada destreza básica. Además, se incluyen en este apartado aquellos aspectos actitudinales, axiológicos y emocionales que están presentes transversalmente en todos los intercambios comunicativos y que pueden determinar su éxito o fracaso.

Se tienen en cuenta también en este bloque todos los saberes necesarios para una adecuada reflexión lingüística en torno a las estructuras lingüísticas y de su uso. Se empieza por los sonidos, las grafías y los gestos y se acaba en los niveles textual y pragmático.

El análisis y la reflexión en torno a las convenciones ortográficas, la ortofonía y la ortoepía, las estructuras gramaticales, las tipologías y los géneros textuales deben ir siempre asociados a la mejora de la recepción y de la producción discursivas.

La gradación de los saberes básicos de este bloque dependerá, en primera instancia, del tipo de situación comunicativa en la que se encuentre involucrado el alumnado. En segundo lugar, dependerá también de la experiencia previa del alumnado, de su grado de maduración personal y del repertorio de recursos lingüísticos y de estructuras comunicativas que es capaz de movilizar en cada momento de la etapa y en cada situación comunicativa concreta.

El grado de cohesión discursiva, por ejemplo, dependerá de los mecanismos lingüísticos y textuales que el alumnado sea capaz de manejar y del nivel de complejidad textual de los discursos. El acompañamiento docente, los andamios y los modelos facilitados al alumnado en los primeros niveles disminuyen a lo largo de la etapa a medida que el alumnado avanza en la adquisición de autonomía.

El trabajo relacionado con los diferentes tipos de textos y géneros discursivos, tanto en lo que respecta a la estructura como a las características lingüísticas, se planifica a lo largo de la etapa, y cada nivel desarrolla las tipologías textuales y los géneros discursivos que mejor encajen en las situaciones de aprendizaje propuestas.

En cuanto a la reflexión lingüística, está siempre unida a los procesos de uso y de recepción y no es una finalidad en sí misma. Mediante la reflexión se consolida de manera progresiva la conciencia lingüística del alumnado para mejorar las destrezas comunicativas asociadas a las diferentes competencias específicas del área.

Progresivamente, y de manera muy elemental todavía, se introduce en la reflexión el uso de metalenguaje gramatical, especialmente en los cursos finales de la etapa; en cualquier caso, el dominio del metalenguaje se continúa en las etapas posteriores; en Educación Primaria se mantiene vinculado todavía a los procesos de reflexión alrededor de los usos discursivos.

— **Bloque 3. Lectura y literatura**: reúne los saberes básicos necesarios para desarrollar la competencia en lectura autónoma y la competencia literaria. Está dividido en dos subbloques. El primero se centra en la lectura autónoma y en la construcción de la identidad lectora; y el segundo, en la literatura.

En cuanto al hábito lector, la selección de lecturas por el alumnado es cada vez más autónoma, de forma que progresivamente le permite ser más consciente de sus gustos e intereses y capaz de expresar su elección con un grado mayor de detalle.

En cuanto a las actividades literarias compartidas y la participación en comunidades lectoras, en los primeros niveles es muy necesario que el maestro o la maestra guíen y dinamicen estas prácticas.

En el subbloque 3.2 se recogen las estrategias de comprensión, interpretación y producción de textos y obras literarias adecuadas a los intereses del alumnado y la observación de las relaciones entre la literatura y otros discursos y manifestaciones artísticas y culturales, todo esto con la ayuda del docente.

Estas estrategias evolucionan a lo largo de la etapa en el marco de la tradición literaria y en el contexto sociocultural próximo. La gradación de los saberes de este bloque viene dada por el grado de complejidad del texto, por los recursos literarios empleados y por la dificultad léxica.

El trabajo del alumnado en este bloque se concreta en la lectura de textos de diferentes géneros literarios (poesía, teatro y narrativa). En esta etapa, el alumnado se inicia en el conocimiento de la estructura y las características lingüísticas de los textos literarios; la referencia a los recursos retóricos se realiza en el marco de la valoración personal que el alumnado hace de este tipo de textos y no como parte de un análisis interpretativo; el análisis interpretativo, con el uso del metalenguaje adecuado, se inicia en la etapa de secundaria y se despliega en el bachillerato.

El decreto del currículo también especifica el **tratamiento de las situaciones de aprendizaje para el conjunto de las competencias del área**. Se trata de conseguir, al completar la Educación Primaria, un uso cada vez más consciente del lenguaje que permita al alumnado participar en las prácticas discursivas de la esfera personal, social y educativa y participar, además, de manera apropiada y respetuosa tanto con ellos mismos como con sus interlocutores. Para conseguirlo, resultará imprescindible utilizar las estrategias pedagógicas y didácticas que aseguran que los aprendizajes tienen sentido y valor personal para nuestro alumnado.

Así mismo, estas situaciones de aprendizaje deberían prever no solo los usos lingüísticos en los contextos de educación formal, sino todos los contextos de actividad a los que nuestro alumnado tiene acceso y que le suponen oportunidades de aprendizaje.

Hay que tener en cuenta, del mismo modo, las diferentes esferas de la vida en las que se proyectan las competencias específicas de esta área: el espacio personal, el social y el escolar. El aula se debe abrir a la comunidad educativa y en torno al centro educativo.

En toda la etapa, como paso previo al planteamiento didáctico, e incorporando los principios del diseño universal, debemos asegurarnos de que no hay barreras que impidan la accesibilidad física, cognitiva, sensorial y emocional de nuestro alumnado con el fin de asegurar su participación y aprendizaje.

En el caso de las lenguas oficiales, habrá que analizar también si son o no las lenguas familiares del alumnado, a la hora de plantear las situaciones, para programar las propuestas de manera contextualizada y con los andamios necesarios, aprovechando al mismo tiempo la extraordinaria riqueza de la diversidad lingüística, cultural o humana.

Así mismo, en cada contexto sociolingüístico se deben promover transferencias entre diferentes lenguas para comprender y producir mensajes y textos.

Las situaciones de aprendizaje:

- Promoverán que el alumnado gane **autonomía** progresivamente mientras desarrolla estrategias que le resultarán útiles mucho más allá del aula. Para hacerlo, es fundamental que la práctica comunicativa sea frecuente y que cuente, además, con retroalimentación constante tanto por parte del profesorado como de sus iguales. Esto favorecerá también la consideración del error como una parte natural y necesaria del aprendizaje.

- Deberán suponer un **desafío**, pero adaptándose siempre a las características evolutivas del alumnado al cual están dirigidas, e incluyendo diferentes soportes y formatos, tanto analógicos como digitales.

- Deberán ser **variadas y auténticas**, partir de un problema o necesidad que se quiere resolver y que tiene, por un lado, sentido en el mundo real, y, por otro lado, conexión con las experiencias y los intereses del alumnado. Es decir, deben ser situaciones comunicativas reales, con función social y significativas para el alumnado, en las que el profesorado tome un rol de facilitador. Esta diversidad contribuirá a desarrollar mentes complejas capaces de crear soluciones creativas y colectivas y proporcionará al alumnado las bases necesarias para afrontar los retos que encontrará en el futuro.

A lo largo de los cursos de la Educación Primaria, las situaciones dejarán de centrarse mayoritariamente en el ámbito cotidiano para adentrarse en el social y educativo.

- **Movilizarán**, al mismo tiempo, **varias competencias específicas**, interrelacionándolas. Escuchar un mensaje oral o leer un texto puede ser el inicio de una secuencia didáctica que pone en marcha otras muchas destrezas: conversar, escribir o mediar. Así mismo, el trabajo interdisciplinario en las diferentes áreas resulta fundamental para que el alumnado conozca y trabaje tanto las destrezas lingüísticas como los géneros discursivos propios de los diferentes ámbitos. En este sentido, el Proyecto Lingüístico de Centro marcará, entre otros aspectos, los acuerdos metodológicos y de organización y apoyo relacionados con el uso y la enseñanza de las lenguas, y también indicará en qué lengua se imparten determinadas áreas para poder planificar situaciones de aprendizaje interdisciplinarias.

Las metodologías activas promoverán el trabajo individual, así como la interacción, la colaboración y la cooperación entre iguales y favorecerán, progresivamente, que el alumnado tome más decisiones sobre los objetivos, la planificación del proceso de aprendizaje y la evaluación. Estas situaciones incorporarán de manera paralela la gestión de las emociones: clima de confianza, seguridad afectiva, empatía, cooperación emocional, mediación.

Las actividades de lectura deben estar encaminadas, desde el primer ciclo, a promover el fomento de la lectura y a mejorar la competencia lectora, combinando los diferentes objetivos: leer para aprender y leer por placer. Hay que diseñarlas teniendo en cuenta el plan de fomento lector del centro y el uso de las bibliotecas de aula y de centro como parte del proceso de aprendizaje en cuanto al tratamiento de la información. A partir del tercer ciclo de Educación Primaria se puede iniciar al alumnado en el uso de las bibliotecas virtuales para favorecer el desarrollo de la competencia digital.

En el diseño de las situaciones debemos tener en cuenta diversos **contextos**:

1. **Contexto personal**: es fundamental diseñar situaciones que tengan conexión con las experiencias personales del alumnado e impliquen la expresión de sentimientos, vivencias, opiniones y hechos en un clima de confianza, respeto, escucha, afectividad, empatía, cooperación y mediación. Estas situaciones incidirán en las vivencias para, posteriormente, dar paso a los aspectos formales (forma, planificación, acción y retroacción) y para hacerlo se utilizarán diferentes soportes (físicos y digitales).

2. **Contexto social**: se deben diseñar situaciones que promuevan la cooperación y la participación del alumnado, tanto en la vida del centro como en su entorno local.

   Se fomentará el compromiso ciudadano y la resolución pacífica de los conflictos a través del lenguaje, así como el desarrollo de sentimientos de empatía y compasión, aportando los recursos necesarios para actuar ante situaciones de inequidad y exclusión. Para hacerlo es necesario ofrecer situaciones que ayuden a corregir los desequilibrios entre las lenguas oficiales y ayuden a valorar los beneficios del plurilingüismo para el desarrollo personal y social, tanto desde una perspectiva del entorno local como desde un análisis más global.

   Así mismo, se promoverá la reflexión sobre valores y problemas éticos de actualidad profundizando en la necesidad de respetar y rechazar cualquier tipo de prejuicio, violencia o manipulación. La utilización de las TIC nos permitirá, entre otros aspectos, trasladar de manera casi inmediata los discursos del ámbito social al aula, y viceversa.

3. **Contexto educativo**: las situaciones deben propiciar que el alumnado emplee la lengua para vehicular los diferentes conocimientos que establece el currículo a través de definir, describir, enunciar, explicar, demostrar, aplicar y practicar. Pero, sobre todo, estas situaciones deben fomentar una actitud más activa del aprendiz, usando el lenguaje para analizar, diseñar, crear y evaluar lo que dice, escribe y hace.

Este carácter crítico y reflexivo lo ayudará a tomar conciencia de lo que ha aprendido y a conocerse a sí mismo como aprendiz, a valorar la necesidad de entender la realidad para poder desenvolverse con autonomía y a desarrollar las habilidades que le permitirán continuar aprendiendo a lo largo de la vida. Así pues, estas situaciones promoverán en el alumnado la autoevaluación y el autoconocimiento sobre su proceso de aprendizaje. En este contexto se fomentará el uso de soportes digitales, incidiendo en el aprovechamiento crítico, ético y responsable de la cultura digital.

3.2. Criterios de evaluación

En relación con la evaluación, el currículo oficial ofrece a los maestros un instrumento para ayudarlos en su función evaluadora: los criterios de evaluación. Estos criterios están redactados y asociados a las diferentes competencias específicas del área, detallados para el segundo y tercer ciclo. En las diferentes unidades de programación (situaciones de aprendizaje, proyectos…) se especifican con mayor grado de concreción las destrezas y capacidades que se van a evaluar como consecuencia de las tareas y los saberes.

La evaluación será mayoritariamente **formativa**, impregnando todo el proceso de trabajo del alumnado a partir de la aplicación de diversas herramientas que lo ayudarán a tomar decisiones mientras trabaja para potenciar su aprendizaje y la calidad del mismo. En este sentido, serán de gran ayuda las **rúbricas**, las **listas de comprobación** o los **portafolios**.

Queremos mencionar también el **perfil de salida** del alumnado al término de la Educación Primaria. En él se concretan **los principios y los fines** del sistema educativo español referidos a dicho periodo. El perfil identifica y define, en conexión con los retos del siglo XXI, las competencias clave que se espera que los alumnos hayan desarrollado al completar esta fase de su itinerario formativo. El perfil de salida es único y el mismo para todo el territorio nacional. El referente de partida para definir las competencias recogidas en dicho perfil de salida ha sido la Recomendación del Consejo de la Unión Europea, de 22 de mayo de 2018, relativa a las competencias clave para el aprendizaje permanente. El perfil competencial de salida fija los aprendizajes mínimos y las competencias que todo el alumnado tiene que haber adquirido y desarrollado al finalizar la educación básica.

4. Relación con otras áreas del currículo

Cuando los alumnos se incorporan a la Educación Primaria ya poseen la mayor parte de las competencias comunicativas, por lo tanto, tomaremos como punto de partida el conjunto de conocimientos que los niños tienen al comenzar la escolaridad obligatoria.

La adquisición del lenguaje se produce, en gran medida, a través de las interacciones, por lo que debemos promover una intervención educativa que fomente el intercambio en el aula a través de un clima positivo y comunicativo. Los profesores incidiremos, sobre todo, en los procesos de comunicación; buscaremos mejorar las capacidades de comprensión y expresión y potenciaremos el uso de instrumentos que posibiliten la autonomía del aprendizaje, como el diccionario, para la adquisición de vocabulario, mejorar la ortografía, etc.

La lengua es el instrumento básico de la experiencia y el aprendizaje y, por tanto, está relacionado con todas las áreas del currículo, tanto a través del lenguaje oral (transmisión de conceptos, procedimientos o actitudes por parte del profesor u otros compañeros) como del lenguaje escrito. La lengua, tanto oral como escrita, tanto en expresión como en comprensión, es el soporte fundamental de los aprendizajes, de la comunicación y del desarrollo del pensamiento y la abstracción. Es un instrumento no solo de aprendizaje, sino de desarrollo y relación.

La lengua valenciana constituye en sí misma un objeto de aprendizaje, pero también de comunicación, introduciéndose todas o algunas áreas en dicha lengua tanto de forma oral como escrita.

Queremos señalar como competencia especialmente vinculada al área de Lengua valenciana la competencia plurilingüe (CP), que implica utilizar distintas lenguas, orales o signadas, de forma apropiada y eficaz para el aprendizaje y la comunicación.

Esta competencia supone reconocer y respetar los perfiles lingüísticos individuales y aprovechar las experiencias propias para desarrollar estrategias que permitan mediar y hacer transferencias entre lenguas, incluidas las clásicas, y, en su caso, mantener y adquirir destrezas en la lengua o lenguas familiares y en las lenguas oficiales.

Integra, asimismo, dimensiones históricas e interculturales orientadas a conocer, valorar y respetar la diversidad lingüística y cultural de la sociedad con el objetivo de fomentar la convivencia democrática. Por lo tanto, el área de Lengua valenciana se relaciona de forma inequívoca con todas las áreas curriculares.

Conclusión

El lenguaje es un aprendizaje esencial, ya que es soporte del pensamiento, instrumento de comunicación y relación, vehículo fundamental de los aprendizajes y un elemento regulador de la conducta.

A lo largo de la etapa de Educación Primaria se profundiza en el conocimiento y uso del valenciano y castellano, siendo el fin último un conocimiento y uso de ambas lenguas, sea cual sea la lengua materna.

Bibliografía

Legislación

Decreto 106/2022, de 5 de agosto, del Consell, de ordenación y currículo de la etapa de Educación Primaria (DOGV n.º 9404, de 10 de agosto de 2022).

Webgrafía

– **Conselleria d'Educació, Universitats i Ocupació**.
   https://ceice.gva.es/va/